o Pérez Galdós'

MARIANELA

Simplified and Adapted by

DR. ALBERTO ROMO

With Exercises for Study and Vocabulary Drill

he vocabulary range of this book is 1,100 words

PRENTICE HALL, Upper Saddle River, New Jersey 07458

BE SURE TO READ the other important
titles in this series of simplified and adapted
Readers. All are well-known Spanish Classics.

- **FUENTEOVEJUNA**
- **MARIANELA**
- **PEPITA JIMÉNEZ**
- **EL SOMBRERO DE TRES PICOS**
- **LOS AMANTES DE TERUEL**
- **DON JUAN TENORIO**

© 1964 by Prentice-Hall, Inc.
A Pearson Education Company
Upper Saddle River, NJ 07458

Printed in the United States of America

10 9 8 7

ISBN   0-13-556069-1

Prentice-Hall International (UK) Limited,London
Prentice-Hall of Australia Pty. Limited, Sydney
Prentice-Hall Canada Inc., Toronto
Prentice-Hall Hispanoamericana, S.A., Mexico
Prentice-Hall of India Private Limited, New Delhi
Prentice-Hall of Japan, Inc., Tokyo
Pearson Education Asia Pte. Ltd., Singapore
Editora Prentice-Hall do Brasil, Ltda., Rio de Janeiro

PREFACE

Learning to read in a foreign language one is studying is not only its greatest pleasure; it is also infinitely rewarding. Yet, despite this self-evident truth, there is very little material available for the student whose vocabulary is limited, that he can enjoy reading.

To help remedy this surprising situation, I have undertaken to simplify and adapt five of the great Spanish Classics. *Marianela* is the second of these.

This edition has a vocabulary of only 1,100 words. The sentence structures are simple and yet sufficiently varied to retain the flavor of the original, without monotony. Long descriptive passages and the philosophical emphasis which were popular in the writing of a previous era, have been eliminated. What I have left for the student is a fast-moving story that holds his interest and makes him want to go on reading.

The other books in this series are of equal stature. They are widely known to Spanish-speaking people and to students of Spanish literature throughout the world. Each of the five books that make up this series has been carefully selected on the basis of its absorbing plot and its high reader interest.

Since the aim in these books is to enhance the student's knowledge as well as to give him pleasure, abundant exercises are included to allow for practice in conversation, vocabulary retention and idiomatic usage. The last section is a complete Spanish-English vocabulary of the words used in each book.

It is the hope of the author and publisher that these unusual adaptations will give pleasure and profit to American students and to others who need Spanish readers that conform to their level of proficiency in the language.

—A. R.

Benito Pérez Galdós

I. El autor: su vida.

Benito Pérez Galdós, a quien se le ha llamado "el padre de la novela española moderna," es, sin duda alguna, el creador de la novela histórica y social en España.

Nació en Las Palmas, Islas Canarias, en 1843. Muy joven abandonó su tierra y marchó a Madrid donde estudió Leyes. Fue periodista, político y formó parte de la Real Academia Española. Nunca se dedicó al Derecho, pues lo que más le interesó siempre fue la Literatura y desde sus primeras obras ya se ve en él al futuro gran novelista.

El lugar de su nacimiento no aparece nunca en ninguna de sus obras. En cambio, Madrid sí está presente en toda ella, pues allí vivió toda su vida, aunque viajó por España y otros países de Europa en varias ocasiones.

Vivió durante una de las épocas más difíciles de la historia de España: la segunda parte del Siglo XIX. En su obra están presentes todos los hechos ocurridos durante esa época: la revolución de 1868 y la caída de Isabel II a la que Pérez Galdós llamó con justicia "la de los tristes destinos"; el reinado de Amadeo de Saboya; la creación de la República y el regreso de los Borbones al trono español. En la que muchos consideran la mejor de todas sus obras, los "Episodios Nacionales," aparecen todos los personajes de la época: Prim, Narváez, Amadeo de Saboya, Isabel II, Fernando VII, Carlos IV y otros, así como los principales hechos históricos ocurridos en España durante el Siglo XIX: Trafalgar, el Dos de Mayo, Bailén, la ocupación de España por Napoleón Bonaparte, la rebeldía española frente a los franceses, el reinado y la caída de Isabel II, la República y la vuelta de los Borbones al trono.

Junto a los personajes históricos, Pérez Galdós supo mezclar a los hombres y mujeres de las clases más bajas y pobres de Madrid a los que conocía muy bien, ya que Pérez Galdós tenía la costumbre de dar largos paseos por las calles y en ellas encontraba los personajes de sus obras.

De él, puede decirse que escribió toda la historia de España en el Siglo XIX y que supo mezclar la historia con la novela.

En 1912 estuvo a punto de obtener el Premio Nóbel de Literatura. En los últimos años de su vida estaba casi ciego y a pesar de ello, siguió escribiendo hasta que lo sorprendió la muerte en 1920.

El autor: su obra.

Benito Pérez Galdós es considerado el mejor novelista español después de Cervantes. Cultivó la novela, el teatro y, sobre todo, es considerado el primero de todos los novelistas históricos españoles. Su obra principal, los "Episodios Nacionales," comprende cinco partes y en ella está encerrada toda la historia de España durante el Siglo XIX.

Autor de gran fecundidad, Pérez Galdós produjo cerca de cien obras, pero lo más notable de ellas es que el asunto central de las mismas es el dolor del hombre. Galdós sintió siempre un gran amor hacia el hombre y una gran piedad por los dolores que hacen sufrir a éste. En una de sus obras más famosas y en los labios de uno de sus personajes, aparecen estas palabras que representan el sentir del novelista: "El dolor me dijo que yo era un hombre." Los ideales en la obra de Galdós son el amor entre todos los hombres y la piedad y la justicia social para todos los seres.

Entre sus obras, citaremos solamente las más conocidas:

"Episodios Nacionales"

$\left\{\begin{array}{l}\end{array}\right.$

"Trafalgar"
"Dos de Mayo"
"Bailén"
"Zaragoza"
"La de los Tristes Destinos"
"Prim"
"Narváez"
"Bodas Reales"

Teatro

$\left\{\begin{array}{l}\end{array}\right.$

"El Abuelo"
"La Loca de la Casa"
"Realidad"

	"Marianela"
	"Doña Perfecta"
	"El Doctor Centeno"
	"Gloria"
Novelas	"La Familia de León Roch"
	"Nazarín"
	"Fortunata y Jacinta"
	"El Amigo Manso"
	"La de Bringas"
	"Angel Guerra"

II. *Caracteres de la obra de Pérez Galdós.*

1) *Fecundidad*

Pérez Galdós produjo más de cien obras. Es uno de los autores españoles de mayor producción literaria. Desde muy joven comenzó a escribir hasta los últimos años de su vida.

2) *Realismo*

En la segunda parte del siglo XIX aparece en España un movimiento literario conocido con el nombre de Realismo. El Realismo es llamado así por ser una fiel pintura de la realidad de la vida y surge como una reacción frente al Romanticismo. Pérez Galdós en muchas de sus obras es un novelista perteneciente al Realismo.

3) *Naturalismo*

Por influencia de la novela francesa, y principalmente Emilio Zola, el Realismo español evoluciona poco a poco hacia el Naturalismo que no oculta nada y presenta en forma muy clara y real toda la pobreza de las clases sociales más bajas y toda la miseria que encierra el ser humano.

4) *Sentimiento anti-religioso*

En muchas de sus obras (Gloria, Nazarín, Doña Perfecta, La Familia de León Roch), Pérez Galdós presenta el problema religioso en España y en todas ellas predomina por sobre todas las cosas el novelista de tendencia social.

5) *Elemento histórico y social*

En toda la obra de Galdós, principalmente en los "Episodios Nacionales," está presente el elemento histórico. En "Marianela" el elemento histórico no aparece, pero no puede decirse lo mismo del elemento social, ya que el personaje principal en todas las obras de

Galdós es el pueblo y el pueblo es la nación misma. Galdós escribe para su pueblo y en toda su obra hay una acción central: la lucha por la patria y la libertad. Marianela, la pobre muchacha olvida de todos, forma parte de ese gran pueblo al que Galdós dedica todas sus obras escritas en defensa de las clases más pobres y abandonadas del país.

MARIANELA

I. *La época.*

La acción de "Marianela" ocurre en 186... en un pueblo imaginario llamado Socartes al que el autor sitúa en el norte de España. Corren los días difíciles del reinado de Isabel II, la de los tristes destinos, y estamos en las vísperas de la Revolución de 1868 que obligó a la Reina a abandonar el trono, surgiendo así el breve reinado de Amadeo de Saboya y el establecimiento de la República, a poco de haber comenzado la Segunda Guerra Carlista.

La segunda parte del siglo XIX es una de las épocas más tempestuosas y difíciles de la historia de España. El país acaba de salir de una guerra civil: la Primera Guerra Carlista. Esta época está llena de grandes figuras políticas y militares que van a dominar en la España del siglo XIX: Prim, Espartero, Serrano, O'Donnell, Narváez, Martínez Campos, Cánovas y otros.

Después del reinado de Amadeo y la proclamación de la República, se produce un golpe militar y Martínez Campos restaura la monarquía en la persona de Alfonso XII, el hijo de Isabel II.

A pesar de que Pérez Galdós está considerado como el mejor novelista histórico español del siglo XIX, en "Marianela" no aparece el elemento histórico en ningún momento y de ella puede decirse que se trata de una novela psicológica por el asunto y naturalista por la época.

En España, después del Romanticismo, surge un movimiento conocido con el nombre de Realismo y cuyo principal género es la novela con figuras de tanto valor como Pedro Antonio de Alarcón, Fernán Caballero, Juan Valera, José María de Pereda, Emilia Pardo Bazán, Armando Palacio Valdés, Vicente Blasco Ibáñez y Benito Pérez Galdós, todos ellos cultivadores de la novela costumbrista, regional, histórica y social. Benito Pérez Galdós puede ser considerado como una de las primeras figuras del Realismo en España.

II. *El lugar.*

La acción de la obra ocurre en el norte de España, en un pueblo imaginario llamado Socartes al que el autor sitúa en la región que antiguamente se llamó la Cantabria y que hoy corresponde a la parte de Castilla la Vieja que limita con Asturias, las Provincias Vascongadas, el Mar Cantábrico y el golfo de Vizcaya, y cuya ciudad principal es Santander, famoso puerto del norte de España. Muy cerca de esta región pasan los Montes Cantábricos y por esa razón a este lugar se le conoce con el nombre de "la montaña."

El autor describe a Socartes como un pequeño pueblo minero, cuyos habitantes viven del trabajo en las minas. De ellas obtienen el mineral llamado calamina, que es el silicato de zinc, conocido como "la plata de Europa" y que se usa en la fabricación de útiles de cocina.

Los hombres y mujeres de esta región son rudos y sencillos, como todos los habitantes de las regiones montañosas. Son fuertes y trabajan duramente en las minas, sin recibir más premio que unas cuantas monedas. Viven en casas pobres y sencillas. En el pueblo de Socartes todo es de color rojo a causa del mineral. Rojo es el suelo, roja la tierra, roja el agua, rojos son los hombres y mujeres, pues el color del mineral lo ha teñido todo: las casas, el agua, la tierra y hasta los habitantes. Y, aún, el pequeño arroyo tiene sus aguas de color rojo.

Socartes está rodeado de bosques y de ríos, pero sobre todo de montañas, de grandes montañas que dan nombre a la región. Ellas rodean los pequeños pueblos y se levantan como gigantes de piedra coronados con nieves eternas. Perdidos entre las grandes montañas se encuentran los pueblos y entre ellos, Socartes, donde dice el autor que ocurre la acción de la obra.

III. Los personajes.

Marianela o la Nela es el personaje principal de la obra. Muchacha pobre, fea, sin familia y sin amparo. Aunque tiene 16 años, su figura es la de una niña de 12 años. Su único amigo es Pablo, a quien sirve de guía, ya que ella es la luz de los ojos del ciego. Su bondad y su inocencia hacen creer al joven que la Nela tiene que ser muy hermosa, pero ella teme que éste pueda verla algún día, pues sabe que dejará de quererla, aunque el joven le ha prometido casarse con ella.

Pablo, hijo de Don Francisco de Penáguilas. Joven ciego que vive creyendo que Marianela es una hermosa muchacha. Está enamorado de ella y le ha prometido que, si logra ver, la hará su esposa. Junto con Marianela, son los dos personajes principales de la obra.

Florentina. Prima de Pablo y sobrina de Don Francisco. Es la rival de Marianela, pero es una bella y dulce joven, a quien la muchacha no puede dejar de querer.

Don Francisco de Penáguilas. Es el padre de Pablo y el hombre más rico de Socartes, cuyo mayor dolor es saber que su único hijo es ciego.

Teodoro Golfín. Es el médico que consigue que Pablo logre ver. Representa el hombre que ama la ciencia y que ha logrado luchar y vencer contra la pobreza y la injusticia.

Carlos Golfín. Ingeniero de las minas y hermano de Teodoro. Como éste, cuando era niño, luchó para hacerse un hombre de bien.

Celipín. Es el más pequeño de los hijos de los esposos Centeno y el único que se rebela a seguir viviendo en las minas, dedicado solamente al trabajo.

Señor Centeno. Es el dueño de la casa donde vive Marianela.

Señora Ana. Es la esposa del Señor Centeno.

Tanasio, Mariuca y Pepina. Son los hijos del Señor Centeno y trabajan en las minas de Socartes.

Sofía. Es la esposa de Don Carlos Golfín.

Don Manuel Penáguilas. Hermano de Don Francisco y padre de Florentina.

11

PRIMERA PARTE

La acción.

El Doctor Teodoro Golfín se dirige al pequeño pueblo de Socartes a visitar a su hermano Carlos, que es ingeniero de las minas. Como no conoce el lugar, se pierde y encuentra a un joven ciego que lo acompaña hasta las minas. El joven es Pablo de Penáguilas, hijo de Don Francisco de Penáguilas, el hombre más rico del pueblo. Pablo le dice al médico que él no tiene esperanzas de poder ver algún día, pero Golfín le responde que quizás pueda hacerse el milagro. Se encuentran en el camino a Marianela, una muchacha amiga de Pablo, y Golfín comprende que se trata de una pobre niña sin familia y sin amparo. Marianela vive en la casa del Señor Centeno, con la esposa y los cuatro hijos de éste. Allí la tratan como si no fuera una persona, sólo Celipín, el más pequeño de los hijos de los esposos Centeno, comprende a la pobre Nela. Celipín desea marcharse de aquel lugar, pues quiere aprender a leer y escribir y hacerse un hombre de bien.

La Nela acompaña siempre a Pablo en los paseos que éste da y es ella la que le explica al joven como son las cosas de la Naturaleza: el sol, el agua, las flores, las estrellas, que Pablo conoce por lo que Marianela le ha contado. Pablo, que no puede ver, tiene una idea propia de la belleza y cree que todo lo que es bueno tiene que ser hermoso. Como Marianela es buena con él, él está seguro de que la muchacha debe ser muy hermosa, sin saber que es fea, delgada y de pequeña estatura. Ella teme que Pablo pueda llegar a verla algún día, pues piensa que él dejaría de quererla, si la viera, aunque el joven le ha prometido que si logra ver, se casará con ella.

Capítulo I

Teodoro Golfín se dirige a las minas de Socartes para pasar unos días en compañía de su hermano Carlos, ingeniero de las minas, pero comprende que se ha perdido y que ha equivocado el camino. Es de noche y no encuentra a quien preguntarle. Oye una voz de mujer, que canta, pero no logra verla. En ese momento, ve un perro y un joven, que permanece inmóvil, junto al animal. Le pregunta al joven y éste le dice que él lo acompañará. Golfín, al ver al joven, comprende que éste es ciego.

★

Se puso el sol y se acercaba tranquila y oscura la noche. El viajero siguió adelante en su camino, con mayor rapidez. Era un hombre alto, fuerte, de buena figura y mirada inteligente. Llevaba un traje, de ésos que usan sólo los señores, y en su mano, un largo bastón que le servía para separar las ramas que encontraba en su camino. Se detuvo, mirando, en espera de algún campesino que le mostrara el camino que él buscaba.

—No puedo equivocarme —afirmó—. Me dijeron que atravesara el río. Así lo hice. Después, que marchara adelante, siempre adelante; no hay duda que éste es el camino. Seguiré adelante, siempre adelante. He de llegar a las minas de Socartes esta noche.

Caminó de nuevo y volvió a detenerse. "Me he perdido, no hay duda de que me he perdido —dijo—. Aquí tienes, Teodoro Golfín, —que ése es el nombre de nuestro personaje—, el resultado de tu "adelante, siempre adelante." Los que te han dicho que éste es el camino, o han querido burlarse de tí o ellos mismos no conocen el camino de las minas. No se ven casas, ni chimeneas, ni se sienten las máquinas, y nada se oye. ¿Es que no hay alguien por estos lugares? ¿Si pudiera saber dónde estoy? pero, Golfín, tú, que has estado en medio mundo, ¿vas a sentir miedo ahora? No temas y sigue adelante."

De nuevo, volvió a detenerse. Se preguntó a sí mismo: "¿En dónde estás querido Golfín?, ¿ves algo? Nada. La noche oscura solamente; ni un ruido, ni una casa, ni una persona, ni aun un animal, ¿qué haré? ¿Seguiré este camino o volveré atrás? Eso nunca. Yo llegaré esta noche a Socartes y abrazaré a mi querido hermano."

—Me sentaré un rato en esa piedra —dijo—. Golfín se sentó tranquilamente, cuando sintió una voz. "Sí, —dijo— es una voz, es una voz de mujer y qué voz más hermosa, ¿pero qué sucede?, ya no se oye, se ha perdido de nuevo."

—Qué situación más difícil, —dijo Golfín— qué idea la mía de venir solo y a pie a las minas. En ese momento, Golfín sintió un ruido y comprendió que alguien se acercaba. Se puso de pie y gritó: "Muchacha, hombre o cualquiera que sea, ¿se puede ir por aquí a las minas de Socartes?"

Se oyó ladrar un perro y una voz de hombre que gritaba: *"Choto, Choto, ven acá."* Vió Golfín un perro negro y grande que regresó al oír la voz de su amo. En ese momento, Golfín vió la figura de un hombre que estaba inmóvil llamando al animal.

—Gracias a Dios, —dijo Golfín—ya puedo saber donde estoy. Dígame amigo, ¿puede usted decirme si estoy en Socartes?

—Sí, señor, éstas son las minas, aunque estamos un poco lejos.

—Me parece que acabo de salir del centro de la tierra, —dijo Teodoro Golfín—. Le doy las gracias por la noticia que me ha dado.

—¿Va usted a las minas? —dijo el joven que permanecía inmóvil sin mirar a Golfín—.

—Sí, señor, pero no hay duda de que equivoqué el camino.

—Esta no es la entrada de las minas —dijo el joven—, el camino es otro y por allí hubiera usted llegado rápidamente. Yo lo guiaré, pero tendrá que caminar mucho, antes de llegar a las minas. Conozco muy bien estos lugares.

El Doctor Golfín —pues debemos decir que Golfín era médico—, miró al joven y le dijo: "Usted . . ."

—Sí, señor, soy ciego —dijo el joven—pero conozco estos lugares, *Choto* siempre me acompaña, cuando no lo hace la Nela. Por favor, sígame usted.

Capítulo II

Teodoro Golfín y el ciego atraviesan una parte de las minas que llaman la Terrible. Golfín le pregunta al ciego, cómo es posible que él pueda caminar por esos peligrosos lugares y éste le responde que los conoce bien, pues ha vivido siempre allí y que la Nela siempre lo acompaña en sus paseos. El ciego le dice a Golfín que para él no hay esperanza de poder ver algún día. Golfín, —que es médico— le responde que quizás eso pueda ser posible. Llega la Nela, y Pablo le dice a Golfín que era ella quien cantaba. Pablo le pide a Marianela que acompañe a Golfín hasta la oficina de la mina. Golfín le dice al joven que él es médico y hermano de Carlos Golfín y que espera que lleguen a ser grandes amigos.

★

—¿Ciego de nacimiento? preguntó Golfín—.

—Sí, señor, de nacimiento —contestó el ciego—, sé que la parte más hermosa de la tierra es aquella que me está prohibida. Yo sé que los ojos de los demás no son como los míos, ya que ellos pueden ver lo que yo sólo sé que existe, pero nunca he logrado ver.

—¿Quién sabe? —contestó Golfín—, pero ¿en dónde estamos, amigo mío? Que lugar tan extraño.

—Esta es una parte de la mina llamada la Terrible. Dicen que es muy bella, yo no lo sé, pues no la he visto nunca.

—Es maravillosa —dijo Golfín—, pero causa miedo, se siente algo extraño en ella.

—Choto, Choto, aquí, —dijo el ciego—, ahora, cuidado, señor, esta parte es muy peligrosa.

El perro entró primero y el amo siguió al animal.

—Es extraño que usted pueda caminar por estos lugares —dijo Golfín.

—Conozco bien todo esto —contestó el joven—. Nací y he vivido siempre aquí. Pronto saldremos de aquí.

—Este túnel es terrible —dijo Golfín— y dígame, ¿pasea usted mucho por estos lugares?

—Sí, señor, a todas horas. Ya estamos cerca de la salida.

—Es verdad —dijo Golfín— allí al final del túnel se ve una luz.

Cuando salieron del túnel, se oyó una voz, la misma voz que había oído el doctor cuando estaba perdido.

El ciego también la oyó y dijo con orgullo: "¿Oye usted esa voz?"

—Sí, ¿quién canta?

El ciego, en vez de responder, gritó: "Nela . . . Nela, no vengas a buscarme, que voy hacia allá. Espérame."

Después se volvió hacia el doctor y le dijo: "La Nela es una muchacha que me acompaña. Salimos hoy, pero yo regresé solo con Choto y decidí no esperarla. Pasaba por la Terrible, cuando lo encontré a Ud. Yo seguiré a mi casa y Nela lo acompañará."

—Muchas gracias, amigo mío —dijo Golfín—, pero ese ruido que siento, ¿por aquí hay agua?, ¿es algún arroyo?

—No señor, es la Trascava. Dicen que por ella corre un río.

—¿Y alguien ha llegado a ese lugar? —preguntó Golfín.

—Hay una sola forma de hacerlo —dijo el ciego.

—¿Cuál es? —dijo Golfín.

—Lanzándose a ella. Los que lo han hecho, no han salido. Nos hubieran dicho lo que sucede allá dentro. Algunas personas temen acercarse a ella, pero la Nela y yo nos sentamos cerca para oír la voz. La Nela dice que ella oye palabras. Yo, la verdad, nunca he oído palabras, pero sí algo parecido a la voz de un hombre. Pero vamos, que ya es tarde.

Al decir esto, salieron de aquel oscuro lugar y Golfín dijo, mirando al cielo: "Gracias a Dios que vuelvo a ver las estrellas, nunca me han parecido más hermosas."

El ciego volvió su cara al cielo y dijo con dolor: "¿Es verdad que están ahí, estrellas?"

—Qué terrible debe ser no haber podido nunca contemplar el cielo —dijo Golfín—, pero Dios es muy bueno. Quién sabe, quién sabe, amigo mio. Quizás algún día . . . se ven tantos milagros.

—Para mí no hay esperanza —dijo el ciego—, pero mire ya estamos cerca de mi casa.

En ese momento vino corriendo una niña de pequeña estatura.

—Nela, Nela, —dijo el ciego.

—Aquí estoy —contestó la niña.

—¿Esta es la que cantaba?, ¿sabes que tienes una voz muy bella?

—Oh, —dijo el ciego— Nela canta muy bien. Ahora, Nela, vas a ir con este caballero hasta la oficina. Yo me quedo en casa. Oigo la voz de mi padre que viene. Allá voy, allá voy —gritó.

—Váyase usted —dijo Golfín—, muchas gracias por acompañarme. Yo espero que seremos buenos amigos. Yo soy hermano de Carlos Golfín, el ingeniero de estas minas y pienso estar aquí algún tiempo.

—¡Ah! Don Carlos es muy amigo de mi padre. El lo espera desde ayer.

—Llegué esta tarde y me dijeron que Socartes estaba cerca y como me agrada caminar, decidí venir solo y a pie y ya ve usted, me he perdido, pero lo conocí a usted y creo que seremos grandes amigos. Esta señorita Nela me acompañará. Vaya usted, que su padre lo espera.

—Adiós, caballero —dijo el joven.

Golfín lo vió marcharse y siguió adelante acompañado por la Nela.

Capítulo III

Golfín, acompañado por la Nela, se dirige a la casa de su hermano y le pregunta a la muchacha su edad, quienes eran sus padres y donde vive. Comprende que es una pobre niña sin familia y sin amparo. Ella le dice que sólo sirve para acompañar a su amigo Pablo, el joven ciego, a quien ella lleva a todas partes, y le cuenta como son todas las cosas. Golfín le pregunta si a ella le gustaría que su amigo pudiera ver y ella le responde que pronto llegará ál lugar el hermano de Don Carlos Golfín, quien es médico y que quizás logre darle la vista a Pablo, sin saber que ella está hablando con el propio Doctor Golfín.

★

—Espera, hija, no camines tan rápido, —dijo Golfín— déjame ver tu cara. Ella lo miró sorprendida. Sus ojos brillaron rápidamente. Era como una niña, delgada, de pequeña estatura. Sus ojos y su cara eran los de una mujer y su cuerpo el de de una niña. No podía ser considerada ni una mujer ni una niña.

—¿Qué edad tienes tú? —le preguntó Golfín.

—Dicen que 16 años —contestó la Nela.

—¿16 años? Tu cuerpo es de 12 años.

—Sí, todos dicen que tengo un cuerpo muy pequeño para mi edad —dijo la muchacha.

Comenzó a caminar la Nela y Golfín vió que no usaba zapatos. Vestía ropas sencillas y llevaba el cabello suelto y corto. Se veía en ella algo de salvaje. Sus palabras sorprendieron a Golfín, pues vió en ella una cortesía que no era natural en una muchacha de su figura.

—Dime, —le preguntó Golfín— ¿vives en las minas? ¿y tus padres?

—Dicen que no tengo padre ni madre.

—Pobre niña y tú trabajas en las minas.

—No, señor, yo no sirvo para nada.

Teodoro le miró de nuevo a la cara. Vió que su cara era delgada, llena de manchas; tenía la frente pequeña, la nariz larga, los ojos negros y tristes; el cabello era dorado oscuro, a causa del sol y el aire; sus labios eran pequeños, pero Golfín vió que sonreía.

—¿Con quién vives? —le preguntó.

—Con el Señor Centeno. El trabaja en las minas.

—¿De quién eres hija?

—No conocí a mi madre.

—¿Y tu padre quién es?

—Mi padre murió. Yo vivía en casa de una hermana de mi madre. Mi padre vivía con nosotros. Un día, yo era pequeña entonces y mi padre me llevaba en una cesta. Yo salí de la cesta y me caí al río, sobre unas piedras. Dicen que antes de eso, yo era muy bella.

—Sí, lo eras y todavía eres muy bella —dijo Golfín—, pero dime ¿hace mucho tiempo que vives en las minas?

—Dicen que hace 13 años. Yo fui a vivir con mi madre y ella vino a trabajar en las minas. Un día el jefe le dijo que se marchara, pues dicen que ella bebía mucho.

—¿Y tu madre, se fue?

—Sí, señor, se fue, se fue lejos al cielo y no ha regresado.

—¿Y tú trabajas aquí en la mina?

—No, señor, no soy fuerte y todos dicen que no sirvo para nada.

—¿Y qué haces entonces?

—Acompaño a Pablo —dijo la Nela.

—¿Quién es Pablo? —preguntó Golfín.

—Ese joven ciego a quien usted se encontró en la Terrible. Desde hace año y medio voy con él a todas partes.

—¿Es buen muchacho ese Pablo? —le preguntó Golfín.

—Es lo mejor que hay en este mundo —respondió la muchacha.

—Me gusta tu amo, ¿él es de aquí?

—Sí, señor, es el hijo único de Don Francisco Penáguilas, un caballero muy bueno y muy rico que vive en la casa de Aldeacorba.

—Dime ¿y por qué te llaman Nela? —dijo Golfín—, ¿qué quiere decir eso?

—Mi madre se llamaba María Canela, pero le decían Nela. Dicen que es nombre de perro. Yo me llamo María. Me llaman Marianela y también la hija de la Canela. Unos me dicen Marianela y otros la Nela solamente.

—¿Y tu amo te quiere mucho? —le preguntó Golfín.

—Sí, señor, él es muy bueno. Dice que ve con mis ojos, porque como le llevo a todas partes y le digo como son todas las cosas, todas las cosas que él no puede ver. Sí, señor, yo le digo todo. Yo le digo como son las estrellas, el cielo y el agua, el cuerpo y la cara de las personas y de los animales. Yo le digo lo que es feo y lo que es bello y así él se entera de todo.

—Y dime, ¿sabes leer?

—No señor, vo no sirvo para nada.

—¿No te gustaría que tu amo pudiera ver?

—Dios mío, eso es imposible, —dijo la Nela.

—Imposible no, aunque difícil, —le contestó Golfín.

—El ingeniero que trabaja en las minas ha dado esperanzas al pobre de mi amo.

—¿Don Carlos Golfín? —le preguntó Teodoro.

Sí, señor, Don Carlos tiene un hermano médico, que dicen que hace que los ciegos vean.

—¡Qué hombre más hábil! —dijo Teodoro Golfín.

—Sí señor y ahora el médico le anunció a su hermano que viene para acá pronto.

—¿Y ya vino ese buen hombre? —dijo Golfín.

—No, señor, porque ese señor está por las Américas —le contestó Nela—, pero Pablo dice que ese hombre no podrá darle lo que la Virgen le negó al nacer.

—Quizás él tenga razón, pero dime, ¿ya estamos cerca?, porque veo unas chimeneas. ¿En dónde están las oficinas?

—Allí es, —respondió Nela—, ya llegamos.

—Allí está mi hermano —gritó el doctor—. Carlos . . . Carlos.

—Teodoro —contestó una voz desde la casa.

El doctor dió una moneda a la Nela y corrió hacia la puerta.

Capítulo IV

La Nela vive en la pequeña casa del Señor Centeno, acompañada de los cuatro hijos y de la esposa de éste. Allí se le trata no como una persona, sino como una cosa. La familia Centeno vive sólo para trabajar, comer y dormir. Sólo el más pequeño, Celipín, se rebela ante esta situación y está guardando algún dinero, pues sueña con marcharse del lugar y estudiar y aprender para hacerse un hombre de bien. Algunas veces él cuenta sus ideas a la Nela y ella le da las pocas monedas que caen en sus manos, para ayudarlo. Cuando todos en la casa ya duermen, Celipín y Nela hablan en voz baja y el muchacho le dice que él no sirve para esa vida, que no quiere vivir para siempre como un animal o mejor como una piedra. Que él desea estudiar y aprender, como lo han hecho los hermanos Golfín.

★

La Nela rápidamente se dirigió a la casa donde vivía, que era la del Señor Centeno. Era una casa pequeña para los esposos Centeno, sus cuatro hijos y la Nela. Allí se veía que había lugar para todo y para todos, menos para la Nela. Muchas veces se oía decir: "En todas partes se encuentra uno a esta Nela" o "Vamos, camina, que muchacha ésta; ni hace ni deja hacer a los demás."

La casa tenía tres habitaciones y la cocina. La habitación principal era la de los esposos Centeno. En la segunda, dormían Mariuca y Pepina, las dos hijas. En la más pequeña, dormía Tanasio, el hijo mayor. La cocina estaba dedicada al más pequeño de la familia, Celipín. La Nela había ocupado distintas partes de la casa y muchas veces se veía obligada a cambiar de lugar para dormir. En una ocasión, Tanasio, el hijo mayor, trajo unas cestas y las colocó en el mismo lugar donde dormía Marianela. Ella, viendo que no tenía lugar donde dormir, miró a todas partes y por fin se colocó dentro de una cesta y allí durmió toda la noche.

Del trato que recibía la muchacha en aquella casa, puede decirse que nunca oyó una palabra de amor hacia ella. Algunas veces, el Señor Centeno le decía a su esposa: "Mujer, que no has dado nada a la pobre Nela." La Señora Ana —que tal era el nombre de la esposa del Señor Centeno—, buscaba con los ojos a la Nela y decía: "¿Pero, ella está ahí? Yo pensé que hoy también se había quedado en Aldeacorba." Después de la comida, Mariuca, Pepina y Tanasio se retiraban a dormir, mientras que Celipín y Nela se iban hacia el lugar que ocupaban en la cocina. Los padres se quedaban un rato más hablando, mientras que la Señora Ana contaba el dinero que guardaba con gran celo y el Señor Centeno leía un poco las noticias del periódico y las repetía en voz alta. Por último, los dos se retiraban a descansar hasta el otro día.

Una noche, después que todo estaba en silencio, se oyó la voz de la Nela que llamaba a Celipín:

—Celipín, ¿estás dormido?

—No, Nela, ¿qué quieres? —respondió éste.

—Toma esta moneda que me dió hoy un caballero, el hermano de Don Carlos. ¿Cuánto tienes ya? Este sí es un buen regalo, pues

21

es una moneda grande.

—Dame Nela —dijo el muchacho—, muchas gracias. Que Dios te lo pague. Tú si eres buena conmigo.

—Yo no quiero para nada el dinero —dijo la Nela—, guárdalo, pues si la Señora Ana te lo ve, te lo querrá quitar.

—No se lo daré —dijo Celipín—, yo quiero este dinero para hacerme un hombre de bien. Mañana, si me dejan ir al pueblo, compraré un libro que enseña a leer, ya que aquí no quieren enseñarme. Aprenderé solo. Dicen que Don Carlos, el ingeniero, aprendió él solo a leer. Con la ayuda de Dios aprendió todo lo que sabe.

—¿Y piensas tú hacer lo mismo?, —preguntó la Nela.

—Ya lo creo que lo haré. Ya que mis padres no quieren sacarme de estas minas, yo buscaré otro camino. Nela, yo no sirvo para esto. Tú verás que cuando haya reunido un poco de dinero, me marcho a Madrid y allí trabajaré o tomaré un barco que me llevará lejos, a la América, pero yo te prometo que estudiaré y aprenderé todo eso que viene en los libros.

—Madre de Dios, qué de cosas extrañas dices tú, Celipín —contestó la Nela.

—¿No me crees?, ya verás. No puedo vivir así. Paso las noches llorando y no te asustes, ni creas que soy malo por lo que voy a decirte. A tí sola te lo digo.

—¿Qué es? —preguntó Marianela.

—Que no quiero a mis padres, como los debiera querer.

—Celipín, por amor de Dios, piensa bien lo que dices.

—Es la verdad, Nela, —dijo el muchacho— ya ves como nos tienen aquí. No somos personas, sino animales. A veces pienso que somos menos que animales. Pasar todo el día trabajando en la mina. ¡Ay! Nela, el que se pasa toda la vida haciendo ese trabajo es igual que un animal. No, Celipín no sirve para eso. Les digo a mis padres que me saquen de aquí y me pongan a estudiar y me responden que son pobres. Nada, que sólo servimos para trabajar, pero ¿tú no me dices nada?

Marianela no respondió. Quizás pensaba que la situación de su amigo era igual a la de ella.

—¿Qué quieres tú que yo te diga? —contestó— Como yo no puedo ser nunca nada, como yo no soy persona, nada te puedo decir, pero debes querer a tus padres.

—Nela, yo creo que tú estás llorando —dijo Celipín.

—Yo, no —contestó la muchacha.

—Sí, tú estás llorando.

—Ya es muy tarde, Celipín, y debes dormir.

—Todavía no —dijo el muchacho.

—Sí, Celipín, duerme y no pienses en cosas malas. Buenas noches.

Cuando Nela terminó de hablar, todo quedó en silencio.

Se ha hablado mucho del hombre que viviendo en las ciudades, piensa sólo en guardar dinero, pero no hay nada más terrible que el campesino que sólo piensa en el oro y que con el sacrificio de su trabajo, sólo piensa y vive para el dinero. La Señora Ana y el Señor Centeno pertenecen a esta clase de seres que sólo piensa en guardar dinero y que sólo vive para ello. Sus hijos vivían para trabajar y entregar todo el dinero que ganaban a su madre. La Señora Ana creía que no era necesario que sus hijos aprendieran; ella decía que con lo que sabía su esposo ya era bastante para toda la familia. Sus hijos mayores fueron a la escuela, pero muy pronto comenzaron a trabajar. Celipín, el más pequeño, no fue nunca a la escuela y los padres pensaban que eso no era necesario. Mariuca, Pepina y Tanasio trabajaban en las minas y sólo se dedicaban a obedecer a su madre y esta a dominar a sus hijos. Ella no comprendía que los hijos quisieran dejar de ser piedras. El más pequeño, Celipín, era el único que se rebelaba.

Si la Señora Ana trataba en esa forma a sus hijos, es fácil comprender como trataría a la Nela, muchacha sola, sin familia, sin esperanzas ni derechos a obtener nada. La Señora Ana pensaba que ella era una buena mujer, que se merecía el cielo, al dar de comer a la Nela. Pero nada más, ni un poco de amor, ni una palabra. Nunca se le dijo a la Nela que ella era una persona. Nunca se le dió a entender que ella tenía un alma como los demás seres. Por el contrario, siempre se le trató y se le consideró como algo y no como alguien, como un animal o mejor como una piedra y muchas veces se dijo de ella: "Pobre, mejor hubiera sido para ella que hubiera muerto al nacer."

Capítulo V

La Nela se dirige a casa de Pablo para acompañarlo en su paseo. Don Francisco, padre del joven, la espera en la puerta de la casa. Don Francisco es el hombre más rico del lugar y es muy querido y respetado por todos, pero el gran deseo de su vida es lograr que su hijo pueda ver. Por ello, daría con gusto todo su dinero. Se ha dedicado a leerle libros a su hijo y a enseñarle todo lo que él sabe, pues dice que no quiere que su hijo sea ciego dos veces.

★

La Nela salió de su casa. Llevaba en su mano un pedazo de pan que le había dado la Señora Ana y mientras lo comía, marchaba rápidamente hacia Aldeacorba. Pasó por delante de varias casas, hasta que llegó a la de Don Francisco Penáguilas, el padre de Pablo.

Vivía Don Francisco en una hermosa casa, grande y alegre y rodeada de flores. La Nela, al llegar a la casa, se dirigió a un señor de cara agradable y dulce mirada, el cual, al verla, entró en la casa y dijo:

—Hijo mío, aquí está la Nela.

Al oír estas palabras, salió de la casa un joven alto, con la cabeza inmóvil y los ojos mirando siempre al mismo lugar, pero en los que se veía algo extraño: aquel joven era ciego. En sus ojos estaba la noche. Dios le había negado el hermoso regalo de la vista. El joven tenía 20 años. Era alto y fuerte y tenía una gran inteligencia. Don Francisco Penáguilas, su padre, era un hombre bueno y honrado. Todos le querían y le respetaban. Era el hombre más rico del lugar, pero a pesar de ello, nadie le odiaba en Socartes. Había nacido en este lugar y de joven había estado en América, pero regresó a España donde había vivido el resto de su vida. Había dedicado toda su vida al trabajo. Su esposa murió, siendo él muy joven, y le había dejado un solo hijo que a poco de nacer, se vió que era ciego. Esto causó un gran dolor al buen padre que con gusto le hubiera dado sus ojos al hijo, aunque él quedara ciego para el resto de su vida. ¿Para qué quería él ser rico si no podía hacer feliz a su hijo? Para este eran todos los cuidados, el padre trataba de satisfacer todos los deseos de su hijo. Se había dedicado a enseñarle todo lo que él sabía, todas las noches le leía libros y quiso que su hijo tuviera una buena educación, pero siempre diciéndole que se debe amar a Dios por sobre todas las cosas. Así, Don

Francisco decía: "No quiero que mi hijo sea ciego dos veces."

Ese día, al verlo salir con la Nela, les dijo: "No corran. Adiós." Mientras él regresaba a su casa, volvió la cabeza y los vió marchar felices hacia el campo.

Capítulo VI

La Nela y Pablo salen a pasear al campo y ella le va contando todas las cosas que ve por el camino. Al ver unas flores, ella le dice al joven que las flores son las miradas de aquellos que han muerto y no han ido al cielo todavía y que las estrellas son las miradas de los muertos que están en el cielo. El joven le contesta que ella tiene ideas falsas de la realidad. Que él va a pedirle a su padre que la enseñe a leer y que vaya a vivir con ellos. En ese momento Pablo le pregunta como es ella y la muchacha no se atreve a responder.

★

Pablo y Marianela salieron al campo acompañados de *Choto*, que iba y volvía saltando entre su amo y la Nela.

—Nela, —dijo Pablo— hoy el día está hermoso. ¿A dónde vamos?

—Seguiremos por el campo —contestó la Nela al joven y le preguntó— ¿Qué me has traído hoy?

—Busca bien y encontrarás algo —dijo Pablo riendo.

—¡Ay! chocolate y como me gusta a mí el chocolate.

—¿A dónde vamos, Nela?

—Donde tú quieras, niño de mi corazón, —dijo la muchacha— mientras comía el dulce.

Los ojos de la Nela brillaban y en su cara se veía la alegría que sentía. Aquella criatura tan miserable que parecía que había sido olvidada por Dios, era otra en cuanto se encontraba junto a su amo. Al separarse de él, parecía como si la vida terminara para ella.

—Pues, yo digo que iremos a donde tú quieras, —dijo él— me gusta obedecerte. ¿Qué te parece si vamos al bosque? ¿te gustaría?

—Bueno, iremos al bosque, —dijo Nela— que hermoso día.

—¿Brilla mucho el sol, Nela?, aunque me digas que sí, no lo sabré, pues no sé lo que es brillar.

—Brilla mucho, sí señorito, pero eso no importa, el sol es muy feo, no se le puede mirar a la cara.

—¿Por qué? —dijo Pablo.

—Porque da dolor —contestó Nela.

—¿Dónde?

—En los ojos —dijo la Nela.

—Yo antes creía saber como eran el día y la noche. Creía que era de día cuando todo el mundo hablaba·y era de noche cuando todos callaban. Ahora es distinto —dijo Pablo—, es de día cuando estamos juntos tú y yo y es de noche cuando nos separamos.

—¡Ay, Madre de Dios! A mí me pasa lo mismo —contestó la Nela.

—Voy a pedirle a mi padre que te deje vivir en mi casa, para que no te separes de mí.

—Bien, bien —dijo la Nela.

Atravesaron una pequeña cerca y la Nela ofreció su mano al muchacho, mientras separaba las ramas de los árboles para que no golpearan a su amigo.

—¿Dónde estamos? —dijo Pablo.

—Cerca del camino real. Vamos a sentarnos aquí —dijo Marianela.

—Es lo mejor —contestó Pablo—, *Choto*, ven aquí.

—Mi niño, esto está lleno de flores. Qué bellas son.

—Coge unas flores —pidió el ciego—, aunque no las veo, me gusta tomarlas en la mano. Nela, a veces yo siento como si por dentro viera algo.

—Yo te entiendo, a todos nos sucede lo mismo —contestó la muchacha—. ¿A que no sabes tú lo que son las flores?

—Pues, a la verdad, no sé —dijo Pablo.

—Las flores son las estrellas de la tierra —dijo Marianela.

—No, Nela, eso no es verdad. ¿Y las estrellas, qué son?

—Las estrellas son las miradas de los que se han ido al cielo y las flores son las miradas de los que han muerto y no han ido al cielo todavía.

—Nela, no creas eso. La religión nos enseña que cuando uno muere, el alma se separa del cuerpo.

—Eso lo dicen los libros —contestó Nela—, que dice la Señora Ana que están llenos de equivocaciones.

—No, querida Nela, eso lo dicen la Fe y la Razón. Tu religión está llena de ideas falsas. Yo te enseñaré ideas mejores.

—No me han enseñado nada, —dijo la Nela— pero a veces yo pienso y pienso y me digo: Esto debe ser así y no de otra manera. Y pienso mucho en la Virgen y en lo mucho que ella nos quiere. Miro al cielo y la veo y la siento. Ella nos mira de noche y de día y está en todas las cosas hermosas que hay en este mundo: en el agua y en las flores y en los niños y en las estrellas.

—¡Ay! Nela, veo que quieres saber las cosas. Sólo te falta un poco de razón. Es necesario que aprendas a leer.

—¿A leer?, ¿y quién me va a enseñar?

—Mi padre. Yo le pediré que te enseñe. Debes aprender. Hace año y medio que te conozco y tú y yo sentimos lo mismo. Me parece como si hablaras dentro de mí.

—¡Ay! mi amo, ¿tiene eso algo que ver con lo que yo siento?

—¿Qué sientes tú? —dijo Pablo.

—Siento que yo sólo vivo para tí y que estoy en el mundo para guiarte. Mis ojos sólo sirven para ver las cosas y luego decirte como son —respondió la Nela—, si no fuera así, mis ojos no servirían para nada.

En ese momento el ciego le preguntó: "Dime Nela, ¿y tú cómo eres?"

La Nela calló. Las palabras de Pablo la habían herido como si hubiera recibido una puñalada en el corazón.

Capítulo VII

Pablo le cuenta a Marianela que su padre le ha leído un libro sobre la Belleza y la Bondad y le dice que aunque él no puede ver, está seguro de que una cosa que es buena, tiene que ser bella. Que él cree en una belleza ideal y que está seguro que ella que es tan buena con él, tiene que ser muy hermosa. Que él, aunque es ciego, ve con los ojos del alma y que para contemplar la belleza, no hace falta tener ojos. La Nela no le contesta nada y siente miedo, pues le parece que el ciego "la está mirando." La Nela, que sabe que ella es fea, al oír las palabras del ciego, se siente feliz y se cree hermosa, pero al mirarse en el agua comprende que sigue siendo fea y nada responde ante las palabras del joven y le pide regresar a la casa.

★

La Nela no contestó nada. Siguieron caminando. Pablo dijo:

—¿Qué haces, Nela?

—Aquí estoy, señorito Pablo, estaba mirando el mar —dijo la Nela.

—Es muy grande, ¿verdad, Nela? Tan grande que estaríamos mirándolo todo el día. Dicen que el mar es lo más hermoso que existe. Oye, Nela, lo que voy a decirte. Siéntate, ¿no estás cansada?

—Un poco nada más —dijo la muchacha.

—Sí, estás cansada, pero mira, hablando del mar, me hiciste recordar una cosa que mi padre me leyó anoche. Los libros que mi padre me lee y estos paseos que doy contigo son toda mi vida. A veces me lee sobre la Naturaleza y el sol y la tierra. Otras veces me lee sobre Historia y otras sobre cosas que a veces no entiendo y luego tengo que pensar sobre ellas, como acerca de la vida y la muerte, el alma, la belleza y la bondad. De como pensamos y por qué lo hacemos.

La Nela no entendía ni una palabra de lo que decía su amigo, pero lo oía con atención, poniendo toda su alma en ello.

—Pues bien, —dijo Pablo— anoche me leyó sobre la belleza. El autor del libro habla sobre la belleza y la bondad y dice que siempre van acompañadas.

—Ese libro, —dijo la Nela— yo creo que es uno que tiene el Señor Centeno y que se llama "Las mil y no sé cuantas noches."

—No, no es ése —contestó Pablo—. Este habla de la belleza ideal. Es una belleza que tú no ves ni tocas, porque has de saber que hay una belleza que no se ve ni se toca.

—Como la Virgen María, que no la vemos ni la tocamos —dijo la Nela.

—Eso mismo. Así es. Mi padre decía una cosa y yo otra. Yo decía que sólo hay una belleza, que es la misma para todas las cosas y mi padre dice que estoy equivocado, que yo no puedo ver y no puedo comprender lo que es feo y lo que es bello. Yo creo que para saber que una cosa es bella, no hacen falta los ojos. La belleza de que yo hablo se ve con los ojos del alma. Yo pienso que lo que yo creo que es bello, aunque yo no lo vea, tiene que ser bello en la realidad. Mi ideal de la belleza eres tú.

La Nela no supo responder nada. Por un momento creyó que el ciego "la estaba mirando" y sintió miedo ante esa idea.

—Sí, —dijo Pablo— no es posible que tu bondad y tu inocencia no vayan acompañadas de una hermosura maravillosa. Dime, Nela, ¿verdad que tú eres muy hermosa?

La Nela calló de nuevo ante las palabras del joven.

—¿No me dices nada? —preguntó el joven.

—Yo . . . no sé —dijo Marianela—, dicen que cuando yo era pequeña era muy bella.

—Y ahora también —dijo Pablo.

—Ahora . . . tú sabes, a veces las personas se equivocan y el que tiene ojos, ve menos.

—Oh, qué bien —dijo el joven—, y ahora ven a mis brazos.

La Nela no respondió a la llamada de Pablo y por primera vez en su vida sintió deseos de mirarse ante un espejo.

—¿Qué haces, Nela? —le preguntó el joven.

—Me miro en el agua que es como un espejo.

—Tú no necesitas mirarte. Eres muy hermosa —aseguró el joven.

—No me veo bien en el agua. Espera, ahora si me estoy mirando.

—Que hermosa eres. Ven acá.

—¿Hermosa yo? —dijo la Nela—, pues lo que veo en el agua no es tan feo. Hay muchos que no saben ver.

—Sí, muchos —respondió Pablo.

—¿Y ese libro, dice que yo soy bella? —preguntó ella.

—Lo digo yo y estoy seguro de ello. Yo sé que tú tienes que ser hermosa.

—Puede ser que tengas razón —contestó la muchacha.

—Nela, ven junto a mí, que quiero tenerte cerca.

Marianela se lanzó en brazos de su amigo.

—Nela, mi Nela, te quiero con toda mi alma. Te quiero más que a mi vida.

La Nela no dijo nada, pero después volvió a mirarse de nuevo en el agua.

En su inocencia pensó que, después de las palabras de Pablo, no se vería tan fea como siempre se había visto. Pero en el agua contempló su pobre figura, su cara fea, su larga nariz y dijo bajo, muy bajo: "Dios mío, ¿por qué soy tan fea?"

—¿Qué dices, Nela? —preguntó Pablo—. He oído tu voz.

—Nada, niño. Estaba pensando en voz alta, que ya es muy tarde. Debemos regresar, pues es hora de volver a tu casa.

—Sí, vamos —dijo el joven—, comerás conmigo y saldremos otra vez esta tarde. No te separes de mí. Quiero que siempre estés junto a mí.

Cuando llegaron a la casa de Pablo, se encontraron en la puerta al padre de éste, a Carlos Golfín y a otro señor a quien Nela reconoció como el hombre que se había perdido cerca de la Terrible.

—Te estábamos esperando, hijo mío —dijo Don Francisco.

—Entremos —dijo Don Carlos Golfín.

—Quiero hablar con usted hoy —dijo Teodoro Golfín a Pablo.

Don Francisco se volvió hacia Marianela y con bondad le dijo: "Nela, hija mía, mejor te vas. Pablo no va a poder salir esta tarde. Ve donde está Dorotea. Ella te dará algo de comer. Anda, hija mía, ve a la cocina."

Capítulo VIII

Pablo le cuenta a Marianela que el Doctor Teodoro Golfín le ha dicho a su padre que hay esperanzas de que él pueda ver. La Nela no responde nada, pues aunque desea que su amigo logre ver, teme que éste conozca la verdad, ya que él la cree muy hermosa. Van junto a la Trascava y Nela le dice que ella oye la voz de su madre que la llama. El joven le contesta que, cuando él pueda ver, ella será su esposa y que la ama más que a nadie en el mundo. Que aunque se quedara ciego, la querrá siempre y que prefiere no ver nunca a perderla. Pablo se duerme y la Nela oye de nuevo la voz de su madre que le dice:"Hija mía, que bien se está aquí."

★

Al otro día, Pablo y Marianela salieron de la casa, pero el cielo estaba oscuro y decidieron no ir muy lejos.

—Nela, tengo que decirte algo que te dará gran alegría, —dijo el ciego— déjame contarte. ¿Tú viste aquellos caballeros que me esperaban anoche en casa?

—Don Carlos y su hermano, el que encontramos anoche —dijo la Nela.

—Sí, él mismo. Es un famoso médico que ha estado muchas veces en la América. El ha logrado curar a muchos que no podían ver como yo. Como Don Carlos es tan amigo de mi padre, le ha pedido que deje que su hermano me vea. Primero, el médico habló conmigo y me dijo unas palabras, después me estuvo mirando los ojos y dijo en voz alta algunas palabras que yo no entendí. Eran palabras de médico. Todos estaban en silencio. El doctor le dijo a mi padre: "Se intentará." Y cuando se fueron, mi padre me dijo: "Hijo mío, no puedo ocultarte la alegría que siento. Ese señor me ha dado esperanzas, no muchas, pero dice que es posible que tú puedas ver." Al decirme ésto, comprendí que mi padre lloraba. "¿Qué haces, Nela? ¿No me dices nada?"

—No, estoy aquí a tu lado, —contestó la muchacha.

—Como otras veces, cuando te digo algo que te agrada, te pones alegre, pero, ¿a dónde vamos hoy?

—El día no está hermoso, —dijo la Nela— vamos a la Trascava y después iremos a la Terrible.

—Como tú quieras, ¡ay! Nela, si fuera verdad que Dios tuviera piedad de mí y pudiera verte, aunque sólo fuera por un día y después me quedara ciego de nuevo.

—Sí, lo que tú esperas será —dijo la Nela.

—¿Por qué lo sabes? —preguntó Pablo.

—El corazón me lo dice —respondió Marianela.

—A veces el corazón nos dice cosas que luego vemos en la realidad.

—A mí me sucede lo mismo, —contestó la Nela— ayer tú me dijiste que me querías mucho y yo pensé que ya yo sabía algo de eso.

—Marianela, nuestras almas están unidas y sólo falta que yo pueda verte. Si Dios me permite que pueda hacerlo, te querré aún más de lo que te quiero. Pero me parece que hoy estás triste.

—Sí, lo estoy —dijo la Nela. Estoy triste y alegre. Hoy está feo el día. Ojalá que nunca fuera de día y que siempre fuera de noche.

—No, no, déjalo así. Noche y día. Cuando yo pueda ver que son distintos, Dios mío, que feliz seré. Vamos a descansar aquí.

—Este es un lugar peligroso —contestó Marianela.

—¿La Trascava, no? No me gusta este lugar. El que cae en ella no puede volver a salir. Vámonos de aquí.

—No, Pablo, falta mucho para llegar a la Trascava y que bella está hoy.

—¿Por qué dices que la Trascava es bella? —preguntó el joven.

—Porque hay en ella muchas flores —dijo la Nela.

—Vamos hacia las minas. No me gusta este lugar —dijo Pablo.

Caminaron los dos juntos y encontraron unas piedras donde ellos acostumbraban a descansar.

—Qué bien me siento aquí —dijo Pablo—, sólo se siente el ruido que se oye de lejos y que viene de la Trascava. Es el agua que hay dentro de ella.

—Hoy está callada la Trascava —dijo Marianela—, ¿no oyes?

—¿Qué? —preguntó Pablo.

—La Trascava. Está hablando. Yo oigo la voz de mi madre que me llama y me dice: "Hija mía, que bien se está aquí." Ahora parece que llora. Ya casi no se oye la voz. Pero tú no crees en esas cosas.

—Yo te quitaré esas ideas —dijo Pablo—. Hemos de estar juntos toda la vida. Cuando yo pueda ver, me casaré contigo y serás mi esposa. Serás mi vida. Dios mío, si es que no me vas a dejar ver, ¿por qué me has dado esperanzas? Porque yo sé que será como si volviera a nacer. Una nueva vida, pero yo tendré ojos, Nela, ¿verdad que sí?

La Nela tomó entre sus manos la cara de su amigo y quiso decirle algo, pero las palabras no pudieron salir de sus labios.

—Y si Dios no quiere hacerme ese maravilloso regalo, también serás mi esposa y no te separarás de mí. Aunque soy ciego y quizás no quieras unir tu vida a la de un pobre ciego. Yo te juro que te querré mientras viva y te juro ante Dios que mi amor por tí será eterno. ¿No me dices nada?

—Sí, que yo también te quiero mucho, pero quizás al verme no me encuentres tan hermosa como tú crees que soy. Al decir esto, la Nela comenzó a llorar.

—Nela, sobre mi frente ha caído una gota. ¿Está lloviendo?

—Sí, señorito. Parece que llueve —dijo la muchacha.

—No, es que tú estás llorando. Tus lágrimas me dicen más que si habláramos. ¿No es verdad que me querrás igual si veo o si me quedo ciego para siempre?

—Lo mismo, sí, lo mismo —contestó Marianela.

—¿Y estarás siempre a mi lado? —preguntó Pablo.

—Siempre, siempre —dijo la Nela.

Nela, si me dieran a escoger entre no ver y perderte, prefiero...

—Prefieres no ver. ¡Oh! Pablo, que alegría me das.

—Prefiero no ver con mis ojos tu belleza, porque la veo dentro de mí; ella está dentro, aquí, en mi alma.

—Sí, sí, —dijo Nela— yo soy hermosa, muy hermosa.

—Nela, siento que Dios me habla y me dice que yo podré ver. Que te veré y que seremos felices. ¿No sientes tú lo mismo?

—Yo . . . el corazón me dice que me verás.

—Veré tu belleza.

—Sí, sí, —contestó la Nela— yo soy muy hermosa.

—Dios te guarde, Marianela —dijo Pablo con amor.

—Y a tí también —respondió la muchacha—. Vamos, duerme.

La Nela comenzó a cantar y poco después Pablo dormía. Marianela oyó de nuevo la voz que salía de la Trascava y le decía "Hija mía, aquí, aquí . . . "

EJERCICIOS DE CONVERSACION Y VOCABULARIO
PRIMERA PARTE

Capítulo I

1. ¿Cuál es el nombre del hombre que se encuentra perdido?
2. ¿Por qué él siente miedo?
3. ¿Por qué él piensa que se ha perdido?
4. ¿Cuándo quiere él llegar a Socartes?
5. ¿Qué oye Teodoro Golfín?
6. ¿A quién vió en ese momento?
7. ¿Qué le preguntó al joven?
8. ¿Qué le respondió éste?
9. ¿Por qué tienen que caminar mucho?
10. ¿Qué vió Golfín cuando miró al joven?
11. Cambie a la forma negativa los siguientes tiempos verbales: él se acercaba; él siguió; yo me he perdido; yo llegaré; nosotros estamos.
12. Escriba el Comparativo y el Superlativo de los siguientes adjetivos: oscuro, rápido, alto, inteligente.

Capítulo II

1. ¿Qué le pregunta Golfín al ciego?
2. ¿Qué le responde éste?
3. ¿Cuál es el nombre de esa parte de la mina?
4. ¿Por qué le llaman así?
5. ¿Por qué el ciego puede caminar por esos lugares?
6. ¿De quién es la voz que oyó Golfín?
7. ¿Quién es la Nela?
8. ¿Cómo se llega a la Trascava?
9. ¿Qué dice el joven que se oye en ese lugar?
10. ¿Quién es el hermano de Teodoro Golfín?
11. Cambie estos verbos de la forma activa a la forma pasiva: él llevó; él buscaba; ella mira; yo conozco; Ud. hubiera llevado.
12. Escriba el Comparativo y el Superlativo de los siguientes adjetivos: hermoso, negro, querido, peligroso.

Capítulo III

1. ¿Quién acompañó a Golfín hasta la casa de su hermano?
2. ¿Qué edad tiene la Nela?
3. ¿Cómo es la Nela?
4. ¿Dónde le dijo ella que vivía?
5. ¿Quiénes eran sus padres?
6. ¿Qué le sucedió a la madre?

7. ¿Por qué la Nela dice que ella no puede trabajar?
8. ¿Quién es Pablo?
9. ¿Por qué le llaman la Nela?
10. ¿Por qué Pablo piensa que él no podrá ver nunca?
11. Cambie a la forma negativa los siguientes tiempos verbales: yo sé; ellos dicen; él ve; él ha llegado; yo he oído.
12. Cambie estos verbos de la forma activa a la forma pasiva: yo veo; nosotros llamamos; el oyó; tú contemplas; yo había oído.

Capítulo IV

1. ¿Quiénes viven en la casa del Señor Centeno?
2. ¿Cuántas habitaciones tiene la casa?
3. ¿Dónde duerme la Nela?
4. ¿Quién es Tanasio?
5. ¿Cómo se llaman las hijas del Señor Centeno?
6. ¿Qué hacen el Señor Centeno y su esposa todas las noches?
7. ¿Qué le dió la Nela a Celipín?
8. ¿Para qué él quiere el dinero?
9. ¿Por qué quiere marcharse de la mina?
10. ¿Cómo tratan a la Nela en la casa?
11. Cambie a la forma negativa, los siguientes tiempos verbales: él comenzó; tú tienes; él vió; ella tenía; yo salí.
12. Escriba el Comparativo y el Superlativo de los siguientes adjetivos: sencillo, corto, triste, delgado.

Capítulo V

1. ¿Qué llevaba la Nela en la mano?
2. ¿A dónde iba esa mañana?
3. ¿Quién esperaba a la Nela?
4. ¿Quién es Don Francisco?
5. ¿Qué dijo al ver a la Nela?
6. ¿Cuántos años tiene Pablo?
7. ¿Por qué todos quieren a Don Francisco?
8. ¿Cuál es el gran dolor en la vida de Don Francisco?
9. ¿A qué se había dedicado éste?
10. ¿Qué decía Don Francisco acerca de su hijo?
11. Cambie estos verbos de la forma activa a la forma pasiva: ella miró; yo considero; ella llevaba; yo llamaré; yo llevo.
12. Escriba la formas del Comparativo y el Superlativo de los siguientes adjetivos: largo, pequeño, rico, malo.

Capítulo VI

1. ¿Qué le ha traído Pablo a la Nela?
2. ¿Qué le ocurría a la Nela siempre que estaba junto a Pablo?

3. ¿Por qué a la Nela no le gusta el sol?
4. ¿Cómo piensa Pablo que son el día y la noche?
5. ¿Qué dice Nela acerca de las flores?
6. ¿Qué cree ella que son las estrellas?
7. ¿Qué le responde Pablo?
8. ¿Por qué Pablo quiere que la Nela vaya a vivir con ellos?
9. ¿Para qué cree Nela que sirven sólo sus ojos?
10. ¿Qué le pregunta Pablo acerca de ella?
11. Cambie a la forma negativa, los siguientes tiempos verbales: él trajo; tú oíste; tú dices; nosotros somos; tú encontrarás.
12. Cambie estos verbos de la forma activa a la forma pasiva; yo quiero; él ha dirigido; yo veía; nosotros oímos; yo obligo.

Capítulo VII

1. ¿Qué idea tiene Pablo del mar?
2. ¿Qué libros le lee el padre a Pablo?
3. ¿Qué dice el autor del libro acerca de la Belleza y la Bondad?
4. ¿Qué piensa Pablo acerca de la Belleza?
5. ¿Qué le ha dicho su padre?
6. ¿Por qué cree él que no hacen falta los ojos para saber que algo es bello?
7. ¿Por qué cree Pablo que la Nela debe ser hermosa?
8. ¿Por qué la Nela se miró en el agua?
9. ¿Quiénes estaban esperando a Pablo?
10. ¿Qué le dice Don Francisco a la Nela?
11. Cambie a la forma negativa las siguientes formas verbales: él había estado; nosotros llevábamos; nosotros entramos; tú veías; tú has regresado.
12. Escriba las formas del Comparativo y del Superlativo de los siguientes adjetivos: dulce; lleno; seguro; feo.

Capítulo VIII

1. ¿Por qué Pablo y Marianela deciden no ir lejos?
2. ¿Por qué Pablo tiene esperanzas de poder ver?
3. ¿Qué le ha dicho Golfín al padre de Pablo?
4. ¿Qué le dijo Don Francisco a su hijo?
5. ¿A dónde quiere ir la Nela?
6. ¿Por qué a Pablo no le gusta ese lugar?
7. ¿Qué oye la Nela en la Trascava?
8. ¿Por qué Nela se siente triste?
9. ¿Qué piensa hacer Pablo si logra llegar a ver?
10. ¿Por qué llora Marianela?
11. Cambie a la forma negativa los siguientes tiempos verbales: yo diré; ellos salieron; nosotros encontramos; yo puedo; él siente.

12. Cambie estos verbos de la forma activa a la forma pasiva: nosotros llevaremos; nosotros vemos; yo quería; tú odiabas; nosotros oiremos.

SEGUNDA PARTE

La acción

Teodoro y Carlos Golfín, y la esposa de éste, Sofía, van a dar un paseo por el campo, pero al regreso, *Lili*, el perro de Sofía, está a punto de caer en la Trascava. Marianela salva al animal, pero se hiere en un pie y el Doctor Golfín la cura. Carlos comienza a hablar de la muchacha y recuerda que la madre de ésta se lanzó a la Trascava. Teodoro defiende a la muchacha y hace la historia de la vida de él y de su hermano y como lucharon para abrirse paso en la vida, sólo con la ayuda de Dios.

Don Francisco llega en busca de sus amigos y le pregunta al médico su opinión acerca de la futura operación de Pablo. Golfín le responde que él no puede asegurarle que ésta sea un éxito, pero el padre del joven dice que él está dispuesto a todo para lograr que su hijo pueda ver.

Celipín, el hijo del Señor Centeno, piensa marcharse del lugar y le pide a Marianela que vaya con él, pues si Pablo logra ver, ya nadie necesitará a la muchacha, pero la Nela no quiere abandonar el lugar y reza a la Virgen para que ésta la ayude. Un día, cuando ella va hacia la casa de Pablo, cree ver a la Virgen entre las ramas de los árboles, pero comprende que se trata de Florentina, la prima de Pablo, al ver que el padre de ésta la llama. Regresan a la casa de Don Francisco y los jóvenes salen a dar un paseo. Pablo le dice a Marianela que su padre quiere que él se case con Florentina. La Nela comienza a llorar y el muchacho le dice que para él, la única mujer que existe en el mundo es ella y que, si algún día logra ver, la hará su esposa.

Capítulo IX

Un día, Sofía, Teodoro y Carlos regresaban de un paseo por el campo, cuando *Lili*, el perro de Sofía, se lanzó a correr hacia la Trascava. Sofía comenzó a gritar, pero viendo a la Nela, que allí se encontraba, le pidió que salvara al animal. La muchacha logró

coger el perro y se lo trajo a Sofía. Los hermanos Golfín comenzaron a hablar de la Nela y Sofía dijo que la madre de Marianela se había lanzado en la Trascava. Teodoro defendió a Marianela y dijo que nadie se había ocupado nunca de ella. En ese momento vieron que la Nela se había herido en un pie cuando había ido a salvar el perro. Teodoro la curó rápidamente y después la tomó en sus brazos y la llevó hasta la casa.

★

Los dos hermanos Golfín, desde niños, habían luchado muy duro con la vida. De origen pobre, ambos estudiaron y lograron obtener el triunfo por el que tanto habían luchado. Teodoro, el mayor, se hizo médico y Carlos, ingeniero. Teodoro, con su trabajo, ayudó mucho a Carlos, mientras éste lo necesitó. Cuando ya lo vió hecho un hombre, marchó él a la América, donde se hizo famoso. Regresó a España, pero después volvió a la América en varias ocasiones.

Teodoro Golfín era un hombre fuerte, alto, moreno, de mirada inteligente. De ojos y cabellos muy negros y manos muy grandes, por lo que se decía de él, "es un león negro." En verdad, parecía un león. Su hermano Carlos era un hombre estudioso, esclavo de su deber. Su amor por el trabajo estaba por encima del amor a su esposa Sofía, de quien no puede decirse que fuera una mujer bella. Sus hijos habían muerto siendo pequeños y la principal ocupación de ella era dedicarse a ayudar a las familias pobres del lugar. También amaba mucho a los animales, poniendo en ellos todo el amor que hubiera sido para sus hijos. Había comprado hacía poco tiempo un perro pequeño al que había puesto de nombre *Lili* a quien trataba como si fuera un hijo.

En los días de paseo, los Golfines iban al campo y allí pasaban unas horas de descanso. Una tarde regresaban de su paseo, Sofía, Teodoro, Carlos y *Lili*. De pronto *Lili* comenzó a correr hacia la Trascava. Sofía, al verlo, comenzó a gritar y pensó correr hacia el animal, pero Carlos le dijo: "Deja, mujer, ya volverá." Todos miraron hacia el lugar y vieron que allí algo se movía, sin poder ver de lo que se trataba, hasta que Sofía gritó: "Nela, ¿qué haces ahí?" Al oír su nombre, la muchacha se asustó.

—Nela —repitió Sofía— ¿qué haces ahí? Tráeme a *Lili*. Qué muchacha, mira dónde ha ido a dar. Tú tienes la culpa de lo que ha hecho *Lili*, pues tú misma se lo has enseñado.

La Nela, después de no pocos trabajos, logró coger el perro y subió hasta donde estaba Sofía, quien tomó al animal en sus brazos y lo besó varias veces, mientras decía: "Nela, tú tienes la culpa, pues él va contigo donde quiera que tú lo lleves."

Después le entregó el animal, diciéndole: "Toma, llévalo tú, porque él está cansado, pero ten cuidado."

—Creo, querida Sofía —dijo Teodoro, que no había dicho nada hasta ese momento—, que te ocupas mucho de ese animal y en cambio no se te ha ocurrido nunca comprarle unos zapatos a la Nela.

—¿Zapatos a la Nela? ¿Y para qué los quiere? Los rompería pronto. Yo comprendo que cuido mucho a *Lili*, pero sabes bien que también ayudo a los pobres.

—Sí, querida —dijo Teodoro—, ya sé que ayudas a los pobres, pero hay algo que ustedes no saben hacer. Nunca se les ha ocurrido pensar y tratar de conocer por qué esos seres se encuentran en ese estado. ¿No sería mejor para ellos enseñarles a trabajar y a luchar por la vida?

—Qué sabes tú lo que yo he hecho por ellos —dijo Sofía.

—Está bien, —contestó Teodoro— pero yo sigo pensando que debías haber comprado unos zapatos para la Nela.

—Mañana mismo los tendrá —dijo Sofía.

—No, señora. Yo mismo se los compraré —contestó Golfín.

—Yo me pregunto —dijo Sofía—, ¿por qué Dios permite que esos seres vivan?, ¿qué es lo que se puede hacer por ellos? Nada. Sólo darles de comer. La Nela no es fuerte, no puede trabajar, no sirve para nada.

—Pues yo creo —dijo Carlos— que Marianela es inteligente. Si alguien se hubiera tomado el trabajo de enseñarle, estoy seguro que habría aprendido quizás mejor que otros, pero nadie se ha ocupado nunca de ella y la han tratado como si fuera un animal extraño. Ayer pasaba yo por la Trascava y la vi en el mismo lugar donde estaba hoy, la llamé y le pregunté que hacía en ese lugar y me respondió que estaba hablando con su madre. Como ustedes saben, la madre de Marianela se lanzó en la Trascava.

—Sí, —dijo Sofía— era una mujer de mala vida y peores ideas, según he oído contar. Dicen que bebía mucho.

—Ya Carlos me había dicho algo de eso —contestó Teodoro—, ¿pero qué es esto? ¿sangre?

—Dios mío, si es la Nela —gritó Sofía—. Miren como se ha puesto los pies.

—Se hirió al coger a *Lili* —dijo Teodoro—. Nela, ven acá.

—Pobre Nela —dijo Sofía— dame a *Lili*. ¡Oh! Cuánta sangre. No puedo mirarla.

La Nela se había herido en un pie y la sangre le corría por él.

—A ver, a ver, qué es eso —dijo Teodoro y tomando a Nela entre sus brazos, la colocó sobre una piedra.

—Me parece que es una espina. ¿Sientes dolor? Sí, aquí está. Sofía, mira para otro lugar, si no quieres ver esto. En un momento, Teodoro sacó la espina del pie de la muchacha. Marianela trató de andar, pero Teodoro la detuvo y le dijo: "No, ven acá."

La tomó en sus brazos y se dirigió hacia Carlos y Sofía, quien, al verlo, comenzó a reír. Teodoro, con la Nela en sus brazos, llegó hasta donde ellos estaban.

Capítulo X

Teodoro Golfín le dice a Sofía, la esposa de su hermano Carlos, que los hombres como él saben comprender a los pobres, porque también ellos han sido pobres. Le cuenta que cuando ellos eran niños tuvieron que pedir de puerta en puerta. Que comprendió que ante ellos había dos caminos: la cárcel o la gloria. Como pudo trabajar a la vez que estudiaba y ayudar a su hermano más pequeño para que éste también estudiara. Lo dura que fue la vida con ellos, pero como lograron vencer con la única ayuda de Dios.

★

—Ves, querida Sofía —dijo Teodoro—, aquí tienes un hombre que sirve para todo. ¿Verdad, Carlos? Los hombres que se forman solos, como nosotros nos formamos, sin ayuda de nadie son los que logran el triunfo en la lucha por la vida. Somos los que sabemos como se debe tratar a los pobres. Quisiera contarte, querida Sofía, algunos hechos de mi vida.

—Cuéntalos, Teodoro —dijo Carlos.

—No, mejor es callar —contestó Teodoro Golfín—. Confieso que me siento orgulloso de haber sido pobre, muy pobre, de haber pedido de puerta en puerta, de haber andado mi hermano y yo sin zapatos por las calles y como él, sé lo que es dormir en las puertas, sin familia y sin amparo. Comprendí que ante nosotros había dos caminos: la cárcel o la gloria. Tomé de la mano a mi hermano pequeño, lo mismo que hoy tomo a Marianela y dije en voz alta: "Padre Nuestro, que estás en los cielos, sálvanos." Y nos salvó. Aprendí a leer y enseñé a leer a mi hermano. Serví a varios amos que me daban de comer y me permitían ir a la escuela. Reuní dinero para comprar libros y mientras trabajaba, estudiaba.

—Teodoro, no me gusta oír hablar de esas cosas —dijo Sofía.

—Sí, Sofía, comprendo que no te guste oír hablar de esas cosas, pero es la verdad y hay que decirlas. Yo entré en la escuela, porque Dios quiso y aprendí porque Dios quiso también. Desde niño, quería ser médico, pero ¿cómo estudiar sin dejar de trabajar para comer? Problema grave, pero lo hice. ¿Cómo? No sé. Trabajé duro y todo el tiempo libre que tenía, lo pasaba estudiando y guardaba dinero para comprar los libros. A veces, estudiaba durmiendo y otras, estudiaba mientras trabajaba. En la casa donde trabajaba, me daban comida, que yo guardaba para darla a mi hermano.

—Es verdad —dijo Carlos—, lo recuerdo muy bien.

—Mi hermano me pedía pan y yo le respondía: "¿quieres pan?, toma estudio." Un día, hacía mucho frío y teníamos poca ropa. Salimos y Carlos enfermó gravemente. Terrible problema, pero no tuvimos miedo y dije: "Adelante, siempre adelante." Un médico, amigo mío, le curó y fue un milagro de Dios que se salvara. Dios estaba con nosotros. Ya lo creo que estaba con nosotros. Dios siempre está con los justos y con los buenos. Hacía falta dinero y tuve que vender mis ropas, pero se salvó y mis amos no me abandonaron. Después comenzó a estudiar en la Escuela de Minas. ¿Quieres ser ingeniero de minas?, le pregunté. Pues, lo serás. Un médico famoso me ayudó. Comencé a trabajar con él; dejé de ser criado; mi amo enfermó, estuve junto a él, pero murió y me dejó cuatro mil reales. Mi hermano tuvo libros; yo, ropa. Comencé a tener enfermos, a tener trabajo. Pasaron los años. Mi hermano y yo ya no estábamos tristes. Dios sonreía dentro de nosotros. ¡Vivan los Golfines! Dios los había ayudado. Al fin, Carlos terminó sus estudios. Ya tenía trabajo, no me necesitaba más. Marché a la América. Yo había sido una mezcla de Colón y de Hernán Cortés. Había descubierto en mí un nuevo mundo y después de descubrirlo, yo mismo lo había conquistado.

—Vaya, como te alabas —dijo Sofía, riendo.

—Si hay héroes en el mundo, tú eres uno de ellos —contestó Carlos.

—Prepárese usted ahora, señor de los milagros, para hacer un nuevo milagro, que será dar vista a un ciego de nacimiento —dijo Sofía—, pero miren, por allá viene Don Francisco.

Caía la tarde y el Señor de Penáguilas venía al encuentro de sus amigos.

Capítulo XI

Don Francisco invita a sus amigos para que tomen un vaso de leche en su casa y le pregunta al Doctor Golfín qué opina de la operación que piensa hacerle a Pablo. El médico le habla de éste y le dice que por no ver, se ha creado un mundo propio, distinto a la realidad. Don Francisco le responde que Pablo tiene falsas ideas de la vida, la belleza y el mundo, pero que él se sentiría el más feliz de los hombres, si su hijo pudiera ver, pues desea que su hijo conozca el mundo real y pueda formar una familia. Golfín le pregunta si está dispuesto a que su hijo sea operado, pues no le asegura que la operación sea un éxito. Don Francisco acepta lo que el médico le propone.

★

—Espero que todos tomarán un poco de leche, —dijo Don Francisco cuando entraron en la casa.

—¿En dónde está Pablo? —preguntó Don Carlos.

—Fue a dar un paseo corto —respondió Don Francisco—. Anda, Nela, ve y acompáñale.

—No, no quiero que camine todavía —dijo Teodoro—, además tomará un poco de leche con nosotros.

—¿No quiere usted ver de nuevo a mi hijo esta tarde? —preguntó Don Francisco.

—No hace falta. Ayer lo ví bien y sé que puedo operarlo —respondió Golfín.

—¿Con éxito? —preguntó el padre del joven.

—Eso no lo sabe nadie —respondió el médico—. Su hijo es un joven que tiene una gran inteligencia y es un hombre muy bueno, pero al no tener vista, se ha creado una idea propia de la Naturaleza.

En él, todo es ideal. No conoce la realidad. Vive en una vida de ilusión pura. ¡Ay, si pudiera darle la vista! A veces, pienso si al darle ojos mataremos en él todas esas ilusiones. Pero nuestro deber es hacerlo hombre. Hay que sacarlo de ese mundo en que vive y traerlo al mundo de la realidad.

Trajeron los vasos de leche blanca. Don Francisco ofreció el primero a Sofía, después a los dos hermanos y Teodoro dió el suyo a Marianela que no se decidía a tomarlo.

—Vamos, Nela, tómalo —dijo Sofía.

Todos se sentaron y la Nela se separó con su vaso de leche en la mano.

—Pues bien, Don Teodoro, —dijo Don Francisco— me alegro de lo que usted ha dicho, pues tenía deseos de hablar con usted sobre esto. Hace días que está ocurriendo un cambio en mi hijo. Yo pienso que eso se debe a las esperanzas que tiene de poder ver. Ya usted sabe que yo siempre le leo distintos libros. Pues bien, a veces creo que esos libros le han formado unas ideas falsas de la realidad del mundo. El no conoce el mundo real que nosotros vemos, y la falta de luz le ha hecho crear un mundo que no es el verdadero. Quiere que le lea libros a todas horas. Unas veces está triste y otras, alegre. A veces, se le ocurren ideas extrañas. Hace días que tiene una idea que no le abandona. Cree que conoce la verdad y defiende lo que dice, seguro de que está en lo cierto. Por ejemplo: ahora dice que él está seguro de que la Nela tiene que ser muy hermosa.

Todos rieron y Don Teodoro dijo: "¿Que la Nela es hermosa?, pues tiene razón, sí que lo es."

—No se le puede decir lo contrario —dijo Don Francisco—, pues dice que él es quien ve la realidad que yo, por tener vista, no puedo ver. Que la verdadera realidad es la que se ve con los ojos del alma.

—No debe usted leerle nada por estos días —dijo Don Teodoro—, él debe descansar mucho.

—Si Dios quiere que mi hijo pueda ver —dijo Don Francisco—, para mí será usted el mejor de los hombres. La sombra que hay en los ojos de mi hijo ha hecho tristes mis días. Soy rico, pero de nada me vale. Pablo no conoce las bellezas de la Naturaleza. No ha trabajado, ni podrá hacerlo nunca, ni podrá formar una familia y cuando yo muera, ¿qué familia tendrá el pobre ciego? Ni él querrá casarse, ni habrá una mujer que esté dispuesta a ese sacrificio. Don Teodoro, la esperanza que usted me ha dado, me ha abierto las puertas del cielo. Es como si viera el paraíso en la tierra. Veo un joven matrimonio feliz; veo niños junto a mí. Ustedes no pueden comprender eso. Si mi hijo logra ver, ya yo podré morir tranquilo. Mi hermano Manuel ha pensado en casar a Pablo con su hija.

Todos callaron con respeto ante las palabras de Don Francisco.

—¿Qué dices tú a eso, Teodoro? —preguntó Carlos.

—Sólo les diré esto —contestó el médico—. He estudiado bien el caso y no creo que se deba decir que no tiene cura. No aseguro que pueda llegar a ver, pero tampoco puedo decirles que sea imposible. El mundo de los ojos es un laberinto y, en casos como éste, nunca se sabe nada hasta el momento de operar. Ya veremos, Don Francisco, ¿tiene usted valor?

—¿Valor?, ya lo creo que tengo —respondió el padre de Pablo.

—Pero yo debo decirle algo que puede ocurrir —dijo Golfín—, que su hijo sufra una cruel operación y después quede tan ciego como antes. Le digo la verdad. Es duro yo lo sé, pero no se la puedo ocultar. ¿Hago la operación?

—Y yo le respondo, doctor. Hágala. Dios dirá la última palabra. Adelante.

—Ha dicho usted mi palabra: Adelante —respondió Teodoro Golfín.

Salieron todos, junto con la Nela, y Don Francisco los acompañó hasta la puerta. Los vió partir y regresó a su casa. Subió por la escalera acompañado de *Choto*. Iba pensando en todo lo que se había dicho allí esa noche. El perro iba junto al amo y Don Francisco, mirando al animal, dijo en voz baja: *"Choto, ¿qué sucederá?"*

Capítulo XII

En medio del silencio de la noche, la Nela llama a Celipín y le ofrece unas monedas que Teodoro Golfín le ha dado para que se compre unos zapatos. Ella piensa que a Celipín le hace más falta el dinero que a ella. El muchacho le promete que él estudiará y se hará un hombre de bien y que le escribirá a sus padres diciéndoles por qué se ha marchado de la casa. Le pide a Marianela que se vaya con él, pues pronto Pablo va a ver y ya no la necesitará.

47

Mientras Nela llora en silencio, Celipín sueña que es un gran médico famoso en todo el mundo.

★

El Señor Centeno, después de leer el periódico como todos los días, y la Señora Ana, después de contar las monedas que con gran celo guardaba, decidieron, como era su costumbre, retirarse a descansar.

Se hizo el silencio en la casa. La familia de piedra dormía. Pero el silencio fue roto por una voz que apenas se oyó. Las cestas se abrieron y Celipín oyó estas palabras:

—Celipín, esta noche si que te traigo un buen regalo, mira.

Celipín no pudo ver nada en la oscuridad de la noche, pero comprendió que Marianela le ofrecía algo; extendió la mano y tomó dos monedas que la muchacha le entregó.

—Me las dió Don Teodoro —dijo la Nela— para que me compre unos zapatos, pero como yo no necesito zapatos, te las doy, que a tí te hacen más falta para lo tuyo.

—Que buena eres, Nela —dijo el muchacho—, ya me falta poco; ya he reunido bastante. Cuando tenga lo necesario, tú vas a ver quien es tu amigo Celipín.

—Mira, Celipín, —dijo Marianela— el que me dió ese dinero pedía de puerta en puerta por las calles cuando era niño.

—Quien lo diría . . . Don Teodoro —dijo Celipín— y ya tú ves, ahora tiene mucho dinero.

—Y dormía en las calles —dijo la Nela— y no tenía dinero para comer y sirvió de criado. Nada, que era mucho más pobre que tú.

—Cuando yo llegue a Madrid —contestó Celipín— voy a aprender toda la Ciencia en dos meses. Ahora quiero ser médico, pues ganan mucho dinero esos médicos.

—Don Teodoro tenía menos que tú, —dijo la muchacha— porque tú tienes 5 pesetas y él no tenía nada. El y su hermano se volvieron sabios y aprendieron a ser personas. Por eso Don Teodoro es tan amigo de los pobres. Esta tarde me dió un vaso de leche y me miraba como se mira a las señoras.

—Todos los hombres inteligentes miran de esa manera —dijo Celipín. Tú verás cuando yo sea grande y use zapatos y guantes. A mí me gustan mucho los guantes. Todos los señores los usan.

—No pienses en esas cosas —le respondió la Nela—. Primero tienes que estudiar y aprender todo eso que dicen los libros. Antes de ser médico, tienes que aprender a escribir, para que le escribas una carta a tu madre y le digas que te marchaste de la casa para hacerte un hombre de bien, como Don Teodoro.

—Calla, mujer —dijo el muchacho—, yo sé que hay que aprender a escribir primero. Tú verás que bien yo aprendo. Tú verás como en cuatro días, yo escribo y leo. ¿Tú no sabes que yo soy muy inteligente? Lo siento aquí, dentro de mi cabeza. Nela, yo quiero aprender todas esas cosas que saben los señores. Seguro que yo lo aprendo.

—Pues mira, Celipín, son miles —dijo Marianela—. Pablo dice que la vida de un hombre no alcanza para aprender bien una sola cosa.

—A mí lo que me gusta es ser médico —respondió el muchacho—. Tú le miras la lengua a la persona y sabes en qué parte del cuerpo está el mal. Dicen que Don Teodoro le saca un ojo a un hombre y le pone otro nuevo.

—Bien, —dijo la Nela— pero tienes que ser un buen hijo. Si tus padres no quieren que tú aprendas es porque ellos no saben. Ruega a la Virgen por ellos y no te olvides de mandarles algún dinero de lo mucho que tú vas a ganar.

—Eso sí lo haré —dijo Celipín—, aunque me voy de mi casa, no es porque no quiera a mis padres. Yo voy a mandarles muchos regalos a ellos y a tí también, Nela, pero se me está ocurriendo una cosa, ¿por qué tú no vienes conmigo? Así somos dos y ganamos más dinero y podrías llegar a ser una señora y yo un caballero.

—Yo no sirvo para nada, yo no soy persona —dijo la Nela.

—Ahora dicen que pronto Don Pablo va a ver —dijo Celipín— y cuando él vea, ya tú no tienes nada que hacer aquí. ¿No me respondes?

—Duérmete, Celipín —dijo la Nela—, yo tengo mucho sueño.

Un minuto después, mientras la Nela lloraba en silencio, Celipín soñaba y en su sueño se veía a sí mismo como si fuera Don Teodoro poniendo y quitando ojos y vestido como un gran señor con unos guantes blancos y llevado en triunfo por todos los pueblos de la tierra.

Capítulo XIII

La Nela no recibió nunca ayuda ni amparo de nadie. No conoció el amor de madre y creía en un mundo que no era real. Sabía que se debía amar y respetar a Cristo, pero adoraba a la Virgen, en quien veía reunida toda la belleza que existe en la Naturaleza. Dios para ella era castigo, la Virgen, en cambio, representaba el perdón.

Algunas veces le pedía a la Virgen que hiciera el milagro y la volviera hermosa o la matara, pues la idea de que Pablo la pudiera llegar a ver algún día, le producía miedo.

★

Vamos a hablar un poco de la historia de la vida de la Nela.

En sus primeros años no recibió ninguna educación. Tampoco conoció el amor de madre. Creía en un mundo de cosas que no eran reales y para ella, el agua, las piedras y las flores podían hablar con los hombres.

No es que la Nela no conociera el Evangelio. Nunca le fue bien enseñado, pero había oído hablar de él. Sabía que la gente iba a la iglesia. Había aprendido a respetar a Cristo y sabía que aquello debía besarse; conocía algunos rezos, pero nada más. El abandono de su inteligencia, hasta que conoció a Pablo, fue completo. La amistad con el joven ciego había llegado tarde. Se puede decir que ya su alma estaba formada.

Lo más notable en Marianela era su amor por todo lo que de bello hay en la Naturaleza. No hay nada más natural en un ser que vive separado de la sociedad y en trato con la Naturaleza, pero Marianela amaba todas las bellezas que ésta encierra y que ella adoraba en una sola: la Virgen, en quien Marianela reunía toda la hermosura del mundo. La Virgen no sería para Marianela una belleza ideal, si no reuniera en ella toda la hermosura que encierra la noche, la luz, el aire, las montañas, los ríos, las estrellas y el mar.

La persona de Dios más que amor le causaba respeto. Dios, más que perdón, encerraba castigo para Marianela, que veía en El al Juez Supremo, siempre dispuesto a castigar más que a perdonar. Todo lo bueno venía de la Virgen y a ella debía pedírsele todo lo que se quería obtener. Dios castigaba y ella perdonaba.

Así era la Nela cuando conoció a Pablo. Su amistad con el joven la hizo cambiar en algo, pero ya ella tenía formadas sus ideas del mundo y la belleza y seguía adorando a la Virgen, en quien reunía todo lo bello que existe.

Por las noches, muchas veces, encerrada en la cesta, Marianela le hablaba a la Virgen:

—Madre de Dios —decía la pobre muchacha— ¿por qué no me hiciste hermosa? ¿Por qué estoy yo en el mundo? Cuanto más me miro, más fea me encuentro. ¿A quién puedo yo interesar? A uno, a uno solamente que me quiere porque no me ve. ¿Qué será de mí cuando me vea y deje de quererme? Porque no podrá quererme, cuando me vea tan fea, con esta nariz tan larga, esta cara llena de manchas y este cuerpo tan pequeño. ¿Qué es la Nela? Nadie. Nada. La Nela sólo es algo para el ciego. Si me llegara a ver algún día, me moriría. Me quiere como quieren los novios a sus novias, como Dios manda que se quieran las personas. Señora mía, haz el milagro. Hazme hermosa o mátame. Yo no soy nada ni nadie. ¿Es que yo no quiero que él pueda ver? No, eso no. Yo quiero que Don Teodoro haga el milagro. Lo que no quiero es que él me vea. Antes me mataré; yo no debí haber nacido.

—Mi corazón es todo para él. El es lo primero, después de la Virgen. Si yo fuese grande y hermosa, entonces si quisiera que me viera. El piensa que yo debo ser muy bella. ¡Oh, Madre mía!, ¿lo único que tengo, me lo vas a quitar? ¿Para qué permitiste que él me quisiera y yo a él?

Y con lágrimas en los ojos y rendida por el sueño, decía: ¡Ay!, niño, cuánto te quiero. Quiere mucho a la Nela, a la pobre Nela que no es nada. Quiéreme mucho, pero por favor, no abras los ojos. No me mires, no quiero que nunca me mires . . .

Capítulo XIV

Una noche la Nela se durmió pensando en la Virgen. Por la mañana se sintió extraña y se preguntó que era lo que a ella le pasaba ese día. Salió hacia Aldeacorba como todos los días, pero en el camino vió entre las ramas de los árboles una figura de mujer tan hermosa y dulce que creyó que era la propia Virgen. Pero vió que llevaba ropas como las otras mujeres que ella conocía y sintió una voz que llamaba a la joven. Era Don Manuel Penáguilas, el hermano de Don Francisco, y la joven era Florentina, su hija.

Marianela comprendió que se había equivocado. En ese momento llegó Don Francisco a buscarlos y todos fueron para la casa. Allí estaba Pablo, y Don Francisco le dijo a los jóvenes que fueran a dar un paseo por el campo, pues era el último día que Pablo podía salir antes de la operación.

★

Aquella noche, Marianela se quedó dormida pensando en la Virgen, en el ciego y en como ella deseaba que la Virgen la hiciera hermosa.

Por la mañana, la Nela oyó la voz de la Señora Ana que la llamaba. Le rezó a la Virgen, como siempre lo hacía, pero ese día fue distinto que otras veces. La Nela dijo a la Virgen, como si hablara con ella: "Señora, anoche te he visto en sueños y me prometiste que hoy me harías feliz. Me parece que te estoy viendo y que tengo ante mí, tu hermosa cara." Al mismo tiempo que decía esto, pensó: "A mí me pasa algo hoy; no sé que será."

—¿Qué tienes, Nela? ¿Qué estás mirando? —dijo la Señora Ana. Nela no respondió, pero pensó: "¿Qué es lo que tengo?" No lo sé. "¿Será verdad, Virgen mía, que hoy me vas a hacer feliz?"

—Eh, muchacha, vete a lavar esa cara —dijo la Señora Ana.

La Nela corrió a mirarse en el agua y al verse dijo: "Nada, tan fea como siempre." "No sé, pero me siento hoy muy extraña. Me parece como si la Virgen estuviera aquí, junto a mí."

Después la Nela salió de la casa, como era su costumbre y se dirigió hacia Aldeacorba. Tomó el camino que ella prefería y se detuvo a mirar las flores. Siguió caminando junto al bosque y miró hacia las ramas. ¡Cielos! ¡Allí estaba Ella!; sí, era la Virgen a la que ella tantas veces había rezado. No había duda. Ella misma era, con su cara, sus mismos ojos y toda la belleza que a Nela tanto sorprendía. No supo la Nela, ni pudo decir palabra alguna. Sólo pudo contemplarla en silencio. Después la Nela vió que la Virgen no estaba vestida como ella la había visto siempre. Por el contrario, llevaba un traje como el que usan las mujeres que ella conocía y lo que más le llamó la atención era que estaba tomando unas frutas que había en un árbol junto a ella.

Nela sintió una voz de hombre que gritaba: "Florentina, Florentina."

—Aquí estoy, padre, sólo estoy comiendo unas frutas.

—"Vaya, vaya. Una señorita como tú, no debe coger las frutas de los árboles. Eso está bien para los muchachos" —respondió el hombre.

La Nela vió acercarse a un hombre y comprendió que era Don Manuel Penáguilas, el hermano de Don Francisco.

Don Manuel, en ese momento, vió a Marianela y gritó: ¡Oh! ¿aquí estás tú? Mira, Florentina, ésta es la Nela. ¿Recuerdas que te hablé de ella? Es la amiga de tu primo . . . de tu primo. ¿Y cómo te va, Nela?

—Bien, Don Manuel, ¿y usted, cómo está? —dijo Nela sin separar los ojos de Florentina.

—Yo muy bien —dijo Don Manuel—, ésta es mi hija Florentina . . . mi hija Florentina.

Don Manuel tenía la costumbre de repetir siempre las últimas palabras.

—La Nela nos dirá como regresar, —dijo Don Manuel— pues a la verdad, yo no sé donde estamos.

—Por allí, por aquella casa se llega pronto —contestó la Nela—, pero mire por allí viene Don Francisco.

—A casa, vamos a casa, —dijo Don Francisco— allí les espera un buen chocolate. Ven, Nela, tú también tomarás chocolate. ¿Qué te parece mi sobrina? ¿Verdad que es hermosa? Florentina, la Nela te llevará a pasear a tí y a Pablo para que veas estos hermosos lugares.

Florentina miró con amor a la Nela. Al llegar a la casa se dirigieron al patio, donde los esperaba Pablo.

—Nela, —dijo Pablo— tú también tomarás chocolate con nosotros.

Florentina ofreció chocolate a Marianela. Esta, al principio, no aceptó, pero la joven insistió y al fin la Nela no pudo rechazarlo. Don Manuel se sentía orgulloso de su hija, que unía a su belleza una gran bondad, sobre todo con aquellos a los que se les ha negado todo. Después que tomaron el chocolate, Don Francisco dijo a los jóvenes:

—Bueno, ahora ustedes van a dar un paseo. Hijo mío, hoy es el último día que Don Teodoro te permite salir.

Al oír esas palabras, los jóvenes rápidamente salieron hacia el campo y se dispusieron a aprovechar el hermoso día.

Capítulo XV

Florentina, Pablo y Marianela salen a dar un paseo por el campo. Florentina se pregunta por qué la Nela no tiene un traje mejor y le ofrece los suyos. Dice que ella quiere ayudarla y enseñarla a leer; que venga a vivir con ella y la tratará como a una hermana. Al ir Florentina a buscar unas flores, Pablo le pregunta a Marianela si es verdad que la joven es tan hermosa. La Nela le responde que sí y Pablo le dice que Don Francisco quiere que él se case con la joven, si logra llegar a ver. La Nela comienza a llorar y Pablo le jura que para él no hay otra mujer en el mundo más que la Nela.

★

Florentina, al verse en medio del campo, comenzó a correr alegremente como si fuera una niña. Comenzó a coger todas las flores que encontraba en su camino y con ellas iba adornando los cabellos de la Nela. Le dió algunas a Pablo y colocó otras sobre sus propios cabellos.

—A Florentina le gustaría ver la mina, ¿verdad, Nela? —dijo Pablo.

—Sí, vamos por aquí —contestó Marianela.

—Pero no quiero ir por el túnel, pues me da miedo —dijo Florentina—. Esto es muy hermoso y aquí viviría yo toda la vida. Ustedes pasean mucho por estos lugares. Ojalá Dios permita que pronto puedas verlos con tus propios ojos.

—Dios lo quiera, —dijo el joven— más hermosos me parecerán a mí que nunca los he podido ver que a ustedes que ya los han visto.

—Mira, Nela, —dijo Florentina— aquellas piedras tienen forma de personas y de cosas. Aquella parece la cabeza de un perro.

—Tú ves, prima, los ojos nos engañan —dijo Pablo—. Te parece estar viendo cosas que no existen en la realidad.

—Es verdad —contestó Florentina—, muchas veces los ojos nos engañan. Pero por ellos nos enteramos de que los pobres no tienen cosas que nosotros podemos darles.

Diciendo esto, tocó el vestido de la Nela y dijo:

—¿Por qué esta pobre Nela no tiene un traje mejor que éste? Yo tengo muchos. Te voy a dar uno de los míos y otro que está nuevo. No comprendo por qué unos tienen tanto y otros tan poco. Yo sé que Nela es buena, tú me lo dijiste anoche y tu padre también me lo ha dicho. ¿Cómo es posible que nadie la haya querido nunca?, ¿ni le hayan dado un beso, ni le hayan hablado como se le habla a las personas?

Marianela no respondió.

—Oíganme bien, —dijo Florentina— yo quiero ayudar a Marianela, pero no como se ayuda a un pobre que se encuentre uno en la calle, sino como se ayudaría a un hermano. ¿No dices tú que ella ha sido tu compañía, tu guía, tus ojos? Pues bien, yo me ocuparé de ella. Le daré todo lo que necesite y le enseñaré para que aprenda. Mi padre dice que quizás me quede a vivir aquí para siempre y, si es así, Nela se quedará conmigo. Aprenderá a leer y a rezar. La trataré como a una hermana.

Marianela no pudo más y al oír estas palabras rompió a llorar.

—Que buena eres, Florentina —dijo Pablo.

Florentina se puso de pie y fue a buscar una flor que había visto a lo lejos.

—¿Se fue? —dijo Pablo.

—Sí —contestó Nela.

—Oye, Nela, ¿sabes una cosa? Me parece que mi prima es muy bella, ¿no es verdad?

—Es tan hermosa como la Virgen —respondió la Nela.

—No digas eso, Nela —dijo el joven—, no puede ser tan hermosa como dices. ¿Tú crees que porque yo no puedo ver, no sé lo que es hermoso y lo que es feo?

—No, no puedes entenderlo —dijo Marianela—, que equivocado estás.

—No, ella no puede ser tan hermosa. ¿Sabes lo que mi padre me dijo anoche? Que si puedo ver, me casaré con Florentina.

La Nela no respondió. Sólo las lágrimas que corrían por su cara eran el símbolo del dolor que sentía en aquellos momentos.

—Ya sé por qué lloras —dijo el joven—, pero no temas. Para mí no hay más mujer que tú en el mundo. Tú eres la más hermosa de todas las mujeres. Las otras son como sombras de tu belleza. No podrás tú nunca dejar de ser para mí, el más hermoso, el más amado de todos los seres de la tierra. Te lo juro, Nela

EJERCICIOS DE CONVERSACION Y VOCABULARIO
SEGUNDA PARTE

Capítulo IX

1. ¿Cómo era Teodoro Golfín?
2. ¿Cómo le llamaban?
3. ¿Por qué le llamaban así?
4. ¿A qué se dedicaba Sofía?
5. ¿Cuál era el nombre del perro?
6. ¿Qué hizo Sofía al ver correr el animal?
7. ¿Quién estaba en la Trascava?
8. ¿Por qué Sofía culpó a la Nela?
9. ¿Qué hizo Marianela?
10. ¿Qué le ocurrió a Marianela al ir a salvar el perro?
11. Emplear en oraciones las siguientes palabras usándolas unas veces como verbo y otras como sustantivo o adjetivo: cambio, grito, descanso, calle, lanza.
12. Cambie estos verbos de la forma activa a la forma pasiva: él hizo; tú ayudas; yo enseñaba; tú conoces; ellos vieron.

Capítulo X

1. ¿Qué le dice Teodoro Golfín a Sofía?
2. ¿Por qué cree él que sabe como se debe tratar a los pobres?
3. ¿Cuáles eran los dos caminos que tenía ante él?
4. ¿Qué le pidió él a Dios?
5. ¿Cómo pudo estudiar y trabajar?
6. ¿Qué le pedía su hermano Carlos?
7. ¿Qué le respondía él?
8. ¿Por qué Carlos se enfermó?
9. ¿Qué le preguntó él a su hermano?
10. ¿Qué hizo cuando vió que su hermano ya no lo necesitaba?
11. Emplear en oraciones las siguientes palabras usándolas unas veces como verbo y otras como sustantivo o adjetivo: triunfo, lucha, trato, cuento, amparo.
12. Escriba el Participio Pasivo de los siguientes verbos: callar, decir, leer, hacer, poder.

Capítulo XI

1. ¿Qué le ofrece Don Francisco a sus amigos?
2. ¿Qué pregunta Carlos Golfín?
3. ¿Qué le responde Don Francisco?
4. ¿Por qué Teodoro Golfín no quiere que la Nela camine?
5. ¿Qué dice Teodoro acerca de Pablo?

6. ¿Qué le da Teodoro Golfín a la Nela?
7. ¿Qué piensa Don Francisco de las ideas que tiene su hijo del mundo?
8. ¿Cómo se sentiría él, si su hijo lograra ver?
9. ¿Qué le pregunta Golfín al padre del joven?
10. ¿Qué le responde éste?
11. Emplear las siguientes palabras en oraciones usándolas unas veces como verbo y otras como sustantivo o adjetivo: camino, amo, estudio, trabajo, conquista.
12. Escriba el Participio Pasivo de los siguientes verbos: esperar, morir, tomar, conocer, ver.

Capítulo XII

1. ¿Qué oyó Celipín?
2. ¿Qué le ofrecía la Nela?
3. ¿Quién le dió a ella esas monedas?
4. ¿Para qué se las dió?
5. ¿Qué quiere llegar a ser Celipín cuando sea grande?
6. ¿Por qué a él le gustan mucho los guantes?
7. ¿Qué le aconseja la Nela?
8. ¿Qué piensa él mandarle a sus padres?
9. ¿Por qué quiere que la Nela se marche con él?
10. ¿Qué sueña Celipín?
11. Emplear en oraciones las siguientes palabras usándolas unas veces como verbo y otras veces como sustantivo o adjetivo: paseo, corto, oculto, respeto, regreso.
12. Escriba el Participio Pasivo de los siguientes verbos: guardar, contar, escribir, romper, ganar.

Capítulo XIII

1. ¿Cómo fueron los primeros años de la vida de Marianela?
2. ¿Qué sabía ella acerca de Cristo?
3. ¿Qué era lo más notable de ella?
4. ¿A quién adoraba?
5. ¿Por qué?
6. ¿Qué belleza reúne la Virgen para Marianela?
7. ¿Por qué a Marianela le causaba respeto la persona de Dios?
8. ¿Qué le preguntaba ella a la Virgen?
9. ¿Por qué ella temía que Pablo la viera?
10. ¿Qué milagro pedía Marianela a la Virgen?
11. Emplear en oraciones las siguientes palabras usándolas unas veces como verbo y otras como sustantivo o adjetivo: sueño, vestido, adorno, beso, engaño.
12. Escriba el Participio Pasivo de los siguientes verbos: reunir, mirar, poner, jurar, volver.

Capítulo XIV

1. ¿En quién pensaba la Nela cuando se quedó dormida?
2. ¿Qué le dijo la Nela a la Virgen?
3. ¿Qué le sucedía ese día a la Nela?
4. ¿Qué vió Marianela entre las ramas?
5. ¿Cómo estaba vestida la Virgen?
6. ¿Qué oyó la Nela?
7. ¿De quién era la voz?
8. ¿Qué costumbre tenía Don Manuel?
9. ¿Quién venía a buscarlos?
10. ¿Qué le dijo Don Francisco a los jóvenes?
11. Cambiar a la forma negativa los siguientes tiempos verbales: yo tengo; nosotros miramos; ella deseaba; yo dije; él respondió.
12. Escriba oraciones usando las siguientes expresiones: está bien; mañana mismo; tú sabes bien; no sirve para nada; ven acá.

Capítulo XV

1. ¿Qué hacía Florentina con las flores que encontraba en su camino?
2. ¿Por qué ella no quiere ir por el túnel?
3. ¿Qué dice Florentina de las piedras que ve?
4. ¿Qué piensa ella del vestido de Marianela?
5. ¿Por qué quiere ocuparse de Marianela?
6. ¿Por qué cree ella que la Nela es buena?
7. ¿Qué piensa Pablo de su prima?
8. ¿Qué le responde Marianela?
9. ¿Qué le dijo Don Francisco a su hijo acerca de Florentina?
10. ¿Por qué llora la Nela?
11. Emplear las siguientes palabras, usándolas en oraciones unas veces como verbo y otras como sustantivo o adjetivo: traje, guía, rezo, cocina, regalo.
12. Escriba el Participio Pasivo de los siguientes verbos: cubrir, coger, abrir, dar, encontrar.

TERCERA PARTE

La acción

En Socartes todos esperaban el resultado de la operación de Pablo. Florentina había prometido que si Pablo recobraba la vista, ella se haría cargo de Marianela. Llegó el día de la operación y ésta fue un triunfo. Todos se sentían alegres por la gran noticia, sólo la Nela dejó de ir por Aldeacorba pues no quería que Pablo lograra verla. La muchacha se alegraba de que ya su amigo pudiera ver, pero temía perder el único amor que tenía en el mundo, pues pensaba que Pablo, que amaba tanto la belleza, al verla a ella tan fea, dejaría de quererla. Florentina va a buscar a Marianela pero la Nela no tiene valor para llegar hasta la casa y sale huyendo por entre los árboles. Pablo, al recobrar la vista, sólo pregunta por Marianela y pide que la vayan a buscar. La Nela piensa en marcharse del lugar junto con Celipín, pero se arrepiente y decide quedarse en Socartes. Al comprender que ha perdido el amor de su amigo, piensa en quitarse la vida y para ello se dirige a la Trascava, pero Teodoro Golfín la ve y logra salvarla. Golfín la lleva a la habitación de Florentina y le pide a la joven que se haga cargo de la Nela. Pablo llega a la habitación de Florentina y allí le dice a ésta que piensa hacerla su esposa. Al marcharse, ve una pobre muchacha enferma que duerme en el sofá. Sin saber que es la Nela, pues no la ha visto aún, siente lástima por la pobre criatura y se acerca a ella, pero la Nela al ver a Pablo le besa la mano y el joven se da cuenta de que se trata de su amiga. Lleno de sorpresa, lanza un grito al comprender la equivocación en que había vivido tanto tiempo. La Nela se siente herida en su amor propio y llena de dolor al comprender que ya Pablo la ha visto y que no podrá quererla nunca más, muere en brazos de Florentina y Golfín.

Después de su muerte, Florentina ordena un suntuoso sepulcro para la pobre Marianela, aquella miserable criatura que, mientras vivió, nunca fue tratada como una persona y que sólo conoció el amor del hombre que la quería porque no podía verla, pero que, por esas cosas extrañas del destino, cuando logró verla fue para que sus ojos causarau la muerte de la pobre muchacha.

Capítulo XVI

Todos en Socartes esperaban el resultado de la operación de Pablo. La Nela preguntaba varias veces en el día por él. Un día, Florentina le pidió que la llevara hasta la casa de la familia Centeno y allí le dijo que ella le había prometido a la Virgen que si Pablo lograba ver, ella se haría cargo del ser más pobre del lugar y que ésa era Marianela.

Una mañana, Sofía, la esposa de Carlos, le dijo a la Nela que ya Pablo podía ver algo. En ese momento llegó Carlos Golfín quien riendo gritó que la operación había sido un triunfo y que sin duda su hermano era el rey de los hombres.

★

Los días pasaron y no ocurrió nada. Pero un día, sucedió lo más importante, la noticia que todos esperaban: la operación de Pablo. Todos rogaban para que la operación fuera un triunfo, pero había que esperar para conocer los resultados. A su tiempo se sabría, decía Teodoro Golfín a todos los que le preguntaban. No daba ni quitaba esperanzas. La ciencia había hecho todo lo posible. Ahora sólo quedaba confiar en Dios. El enfermo no recibía a nadie. Sólo su padre estaba junto a él. La Nela se acercaba cuatro o cinco veces en el día a la casa para preguntar por su amigo. Siempre hablaba con Florentina y a veces daban largos paseos juntas.

Un día, Florentina le pidió a Marianela que le enseñara su casa y fueron hasta la casa de la familia Centeno. Al ver donde vivía la Nela, Florentina dijo: "Pronto vendrás a vivir conmigo. Pídele a Dios que Pablo pueda ver. Yo le he prometido a la Virgen que si la operación es un triunfo, yo me haré cargo del ser más pobre que haya en este lugar. Vendrás a vivir conmigo y tendrás de todo. Serás una señora y te trataré como si fueras mi hermana."

Diciendo esto, Florentina tomó a la Nela entre sus brazos y le dió un beso en la frente. Es imposible decir como se sintió la Nela en ese momento. La idea de que Pablo pudiera verla, tal como era ella, le causaba un miedo terrible. Por ello, no se acercaba a la casa. Por otra parte, comprendía la bondad de Florentina y el mundo maravilloso que ésta le ofrecía. Sentía una confusión terrible en su pobre alma, pues a veces creía que Florentina era la propia Virgen que había venido en su ayuda. Otras veces, creía sentir odio por aquella que había venido a robarle el amor del único ser que la quería. Era su rival y debía odiarla, pero ¿cómo odiar a ese ser maravilloso lleno de bondad? Marianela no podía sentir odio hacia la joven.

Una mañana, Nela fue a casa de Carlos Golfín, y Sofía, la esposa de éste, la recibió en medio de una gran alegría.

—Nela, ¿no sabes la gran noticia? —dijo Sofía—. Dicen que Pablo ya ve algo. Teodoro no ha venido aún, pero Carlos ha ido allá. Pronto sabremos la verdad.

—La Virgen lo ha hecho, señora —dijo la Nela.

—¿Te alegras? Ya lo creo —contestó Sofía— y ahora Florentina cumplirá su promesa. ¿Tú ves? Cuando uno menos lo piensa, Dios recuerda a los pobres. ¿Verdad, Señora Nela? No sé si serás agradecida . . . no, no lo serás. Los pobres nunca agradecen lo que se hace por ellos. Pablo se casará con su prima. Ella es muy bella y él, un gran muchacho.

En ese momento llegó Carlos, quien riendo gritó:

—El triunfo es completo. Después de Dios, mi hermano. Yo no lo quería creer. No hay duda. Mi hermano es el rey de los hombres. Sí, es lo que yo digo: después de Dios, Teodoro.

Capítulo XVII

En todo el pueblo de Socartes, sólo se hablaba de que ya Pablo podía ver y todos se sentían alegres por la noticia. Sólo la Nela no se atrevía a ir a Aldeacorba, porque temía que Pablo la viera. En su alma luchaban dos ideas: por una parte, se alegraba de que ya su amigo no era ciego, pero por otra parte, tenía miedo de que Pablo al verla, no la quisiera más. Florentina fue a buscar a Marianela y le dijo que ella no había olvidado su promesa de llevarla a vivir con ella. Le preguntó si no se sentía alegre y si estaba enferma. La Nela no supo qué responder y se escapó de las manos de Florentina, quien no pudo comprender la actitud de Marianela.

★

La gran noticia corrió por todo Socartes. En todos los lugares no se hablaba de otra cosa. Se comentaba que el señorito Pablo ya podía ver y se dijo que la alegría de Don Francisco era tan grande que había perdido la razón.

La Nela no se atrevía a ir por Aldeacorba. Todo el día anduvo cerca de la mina, mirando de lejos la casa de Pablo. En su alma luchaban dos ideas: sentía una gran alegría al saber que ya su amigo podía ver y a la vez un miedo terrible a que éste pudiera verla.

Halló refugio en la soledad y se alejó de todos. Mirando a Aldeacorba decía: "No volveré más allá; ya todo se acabó para mí; ¿de qué sirvo yo ahora?" Y pensaba y pensaba y creía que iba a volverse loca y repetía "No vuelvo más a Aldeacorba, no quiero que él me vea. Huiré con Celipín o me iré . . . con mi madre."

Pero le era tan difícil rechazar lo que le había ofrecido Florentina de llevarla a vivir con ella y tratarla como una hermana. Era la oportunidad con la que siempre había soñado: ser tratada como una persona y huir para siempre de aquella miseria en la que había vivido.

—¡Ay! —gritó— no puedo, no puedo. Ayúdame, virgen mía. Madre mía, ven por mí.

Ya de noche, marchó a su casa. Tres días pasó la Nela sin ir a la casa de Pablo. De noche no dormía y sólo pensaba y pensaba mientras lloraba.

Una noche, después que todos dormían, preguntó a Celipín:

—¿Cuándo, Celipín?

Y éste le contestó muy bajo: "Mañana, Nela."

Esa mañana salieron juntos los dos, Celipín hacia su trabajo y la Nela a buscar algo que le había pedido la Señora Ana. Al regreso, encontró en su casa a la Señorita Florentina que la esperaba. Nela sintió miedo al verla.

—Nela querida, ¿qué sucede? —dijo Florentina —¿por qué no has ido por la casa en estos días? Pablo quiere verte. ¿No sabes que él ya puede ver?

—Ya lo sé —dijo Nela.

—Vamos, ha preguntado mucho por tí —contestó la muchacha. Hoy debes ir a verlo. Qué alegría al saber que Pablo podía vernos. La primera cara que vió fue la mía. Vamos, Nela.

Marianela soltó la mano de Florentina.

—¿No recuerdas la promesa que hice? ¿Ya te has olvidado de ella? —dijo Florentina—. Me parece poco todo lo que hago para agradecer el que Pablo pueda ver. No quiero que nadie esté triste en estos días. Quiero que todos se sientan alegres como yo lo estoy.

Y se acabaron las palabras. Vamos, Nela, dí adiós a esta casa porque vienes a vivir conmigo.

La Nela obedeció y tomó en sus manos la mano que le ofrecía Florentina y ambas salieron de la casa hacia Aldeacorba.

—¿Por qué no has ido a mi casa? ¿No estás alegre como yo? ¿Qué tienes Nela? ¿Estás enferma? Si estás enferma, yo te cuidaré. Desde hoy hay quien se ocupe de tí. No seré yo sola, pues Pablo te quiere mucho. Él me lo ha dicho. Quiere verte. Quiere verlo todo. Desde el primer momento en que abrió los ojos ha sabido distinguir lo hermoso de lo feo. Dice que el cielo es hermoso y ha visto animales que no le agradan y dice que son feos. Al verme, dijo: "Ay, prima, que hermosa eres."

La Nela soltó la mano de Florentina y cayó al suelo como si no tuviera vida.

—¿Qué tienes, Nela? ¿Por qué me miras así?

—Yo la quiero a usted mucho, mucho —dijo la Nela— pero no puedo, no puedo.

—¿Qué no puedes? —preguntó Florentina—. Levántate, Nela, por favor.

—No puedo ir allá, señorita —contestó la Nela.

—¿Por qué? —preguntó la muchacha.

—La Virgen lo sabe —respondió Marianela.

Florentina caminó hacia ella.

—Por Dios, déme usted un abrazo —dijo la Nela.

Florentina la abrazó mientras decía: "Nela, hermana mía."

—Adiós, niña de mi alma —dijo Nela y rápidamente se perdió entre los árboles.

Florentina quedó sola y así permaneció largo rato, sin comprender lo que había sucedido. No comprendía la actitud de Nela y comenzó a llorar. En ese momento pasó por el lugar Teodoro Golfín, quien al ver a Florentina le preguntó: "¿Qué te sucede, Florentina?"

—Algo terrible, Don Teodoro —contestó la muchacha—. Estoy pensando qué cosas tan malas ocurren en el mundo.

—¿Cuáles son esas cosas malas? —preguntó Teodoro.

—La ingratitud es la peor de todas —dijo Florentina—. Por allí se ha escapado.

—No te comprendo, pequeña —dijo Golfín—. ¿De quién hablas?

—Si va a Aldeacorba —respondió Florentina—, iremos juntos y por el camino le contaré algo terrible que me acaba de suceder.

Capítulo XVIII

La Nela permanecía todo el día cerca de Aldeacorba sin atreverse a entrar. Una noche vió a Celipín y comprendió que era el día en que éste se marchaba de Socartes. El muchacho le pidió que fuera con él, pero la Nela no se decide a abandonar el lugar donde ha sido feliz junto a Pablo. Celipín se marcha y la Nela se dirige a la Trascava. Teodoro Golfín la ve y comprende las intenciones de Marianela. Corre a buscarla y después de llamarla varias veces, logra que la muchacha regrese de nuevo donde está él.

★

La Nela estuvo todo el día y la noche cerca de la casa de Aldeacorba y a veces se acercaba a ella, cuando no hallaba peligro de ser descubierta, pero al sentir pasos huía y rápidamente se escondía. Llegó hasta la Terrible y desde allí pudo ver las luces de la casa. Allí permaneció un rato callada y pensando. Después se dirigió a la Trascava. pero de pronto sintió pasos; corrió a esconderse, pero vió que era Celipín. Comprendió que éste se marchaba de su casa y se dirigió a él, llamándolo:

—Celipín, ¿a dónde vas? —le preguntó.

—Nela, ¿qué haces por estos lugares? —contestó el muchacho. Nosotros creíamos que tú estabas en casa de la Señorita Florentina.

—Y tú, ¿a dónde vas? —preguntó de nuevo la Nela.

—¿Por qué me lo preguntas, si lo sabes? —dijo Celipín—. Voy a aprender mucho y a ganar dinero. ¿No te dije que esta noche? . . . Me siento contento aunque también estoy triste, pues sé que mi madre y mi padre van a llorar mucho cuando sepan que me he marchado. ¿Por qué no vienes conmigo?

—Yo también voy —dijo la Nela.

—Buscaremos la manera de llegar a Madrid —dijo Celipín— y trabajaremos y mientras yo estudio, tú también podrás aprender. De todo lo que yo aprenda te iré enseñando un poco todos los días. Tú sabes, un poco nada más, pues las mujeres no tienen que aprender tanto como nosotros los hombres. Mientras así hablaban, comenzaron a caminar.

—Vámonos por otro lugar —dijo Celipín—, pues por aquí nos pueden ver y nos darían buenos golpes a los dos si nos vieran.

Pero la Nela se detuvo y dijo a su amigo: "No, Celipín. Yo no voy."

—Nela, no digas eso —contestó el muchacho—. ¿Tienes miedo? Mírame a mí que no tengo miedo. ¿Por qué no vienes?

—¿Para qué? —dijo la Nela.

—Ya viste lo que dijo Don Teodoro —dijo Celipín—, que si nos quedamos aquí, nos volveremos piedras. Yo no quiero ser una piedra.

—Celipín, para tí aún es tiempo. Para mí, ya es tarde —contestó Marianela.

La Nela al comprender que iba a alejarse del lugar donde nació y donde siempre había vivido; donde su madre dormía para siempre y donde había pasado aquellas horas felices junto a Pablo, dijo de nuevo:

—Yo no me voy.

—Entonces, ¿vuelves a casa? —preguntó Celipín.

—No.

—¿Vas a la casa de Aldeacorba?

—Tampoco.

—¿Vas con la Señorita Florentina?

—No.

—Entonces, ¿dónde vas a vivir? —preguntó Celipín.

La Nela no respondió. Celipín, cansado de oír sus propias palabras, dijo: "Bueno, Nela, entonces yo me voy, porque pueden verme. ¿Quieres algo?"

—No, Celipín, no necesito nada. Vete. Tú serás un hombre grande, pero no te olvides de tus padres.

—¿Cómo me voy a olvidar de mis padres —dijo el muchacho—, ni de Socartes, ni de tí, mi buena Nela? Adiós, siento pasos.

—Es *Choto* —dijo Nela y sintió miedo.

—Adiós, Nela.

Socartes había perdido una piedra, pero el mundo había ganado un hombre.

Choto, al ver a Nela corrió hacia ella y comenzó a ladrar. Teodoro Golfín que había salido de la casa de Don Francisco, sintió al animal y comprendió que algo sucedía. Siguió al animal y sintió una voz que decía: "¿Qué quieres, *Choto?*"

Comprendió que era la voz de la Nela. Se ocultó entre las sombras de un árbol y siguió a la joven. Vió que ésta corría y él también comenzó a correr. Vió a la Nela sentarse en una piedra. Junto a ella se encontraba la Trascava. Golfín se acercó y vió a *Choto* junto a la Nela. De pronto Teodoro vió como la Nela corría hacia la Trascava. Comprendió . . . y como un león se lanzó tras ella, gritando: "Nela, Nela."

Trató de bajar, pero no pudo. Volvió a gritar y oyó una voz que le contestó: "Señor . . ."

—Sube, Nela —dijo Golfín.

No recibió contestación y volvió a gritar: "Te digo que subas."

La Nela al oír la voz de Golfín, comenzó a subir y dijo de nuevo: "Señor . . ."

—Sube, Nela —dijo Teodoro—, que quiero decirte una cosa.

La Nela comenzó a subir y Teodoro calló hasta que ella se acercó. Con gran amor la tomó de la mano y comenzó a caminar junto a ella.

Capítulo XIX

Teodoro Golfín ha comprendido que la Nela quería quitarse la vida. Le hace varias preguntas y le dice que la idea de matarse es algo que va contra las leyes de Dios. La Nela le responde que ya nadie la quiere; que Pablo ya puede ver y no la necesita y que ella iba a reunirse con su madre allí en la Trascava. Después de hablar largo rato con ella, Teodoro logra llevar a Marianela en sus brazos hasta Aldeacorba.

★

Anduvieron un rato los dos sin decir nada. El doctor vió una piedra y se sentó sobre ella. Tomó a la Nela de la mano y la colocó frente a él, mientras le preguntaba.

—¿Qué ibas a hacer allí?

—¿Yo? ¿dónde? —dijo Marianela.

—Allí. Tú sabes lo que quiero decir —dijo Golfín.

—Allí está mi madre —contestó Marianela.

—Tu madre ha muerto —dijo Golfín—. ¿Tú no sabes que los muertos están en el otro mundo?

—Está allí —dijo la Nela.

—¿Y tú pensabas ir con ella?, ¿no es eso? Así que pensabas quitarte la vida —dijo Teodoro.

—Sí, señor. Eso mismo —contestó la muchacha.

—¿Y tú no sabes que tu madre cometió un gran crimen al quitarse la vida? ¿Cómo ibas tú a hacer lo mismo?

—Si yo me quiero matar, nadie me lo puede impedir —dijo Marianela.

—¿Pero no comprendes que ofendes a Dios al quitarte tú misma lo que El te dió? ¿Qué ideas tienes tú de Dios, de la vida y de la muerte? ¿Nadie te ha dicho que cuando uno muere, el alma se separa del cuerpo? ¿No te han hablado nunca de estas cosas? —le preguntó Golfín.

—Sí, señor, pero ya nadie me va a hablar de nada —respondió la Nela.

—Nela, tú me quieres mal —dijo Teodoro.

—No, señor —dijo Marianela—. Yo no quiero mal a nadie y menos a usted que ha sido tan bueno conmigo y que le ha dado la vista a mi amo.

—Yo creo que tú te sientes muy sola en el mundo —contestó Golfín—. Cuando yo te conocí eras alegre, ¿por qué te has puesto así?

—Quería ir con mi madre —dijo la muchacha—. No quiero vivir más. Yo no sirvo para nada. Debo morir. Si Dios no quiere que yo muera, me moriré yo misma.

—¿Que no sirves para nada? —preguntó Golfín—. ¿Quién te ha dicho eso? ¿Acaso porque no trabajas como un animal, crees que no sirves para nada? No, Nela, tú sirves para algo. Necesitas una persona que te guíe. Florentina es buena y quiere que vayas a vivir con ella para cuidarte como una hermana. ¿Y tú, en cambio, qué haces? Huyes de su lado. Eso está muy mal hecho, Nela.

—Es que yo no supe pedir perdón a la Señorita Florentina —dijo la Nela—, pero yo le juro a usted que no lo hice con intención.

—¿Y por qué no aceptaste lo que ella te ofreció? —preguntó Teodoro—. Tu amo me ha dicho que te quiere mucho. El quiere verte y sólo pregunta por tí.

—¿Para ver a la Nela? Pues no verá a la Nela. La Nela no se dejará ver.

—¿Y por qué? —preguntó Golfín.

—Porque es muy fea —contestó la muchacha—. Se puede querer a la hija de la Canela cuando se tienen los ojos cerrados, pero cuando se abren los ojos y se ve a la Señorita Florentina es imposible querer a la Nela.

—No puedes saber si le agradas o no a tu amo hasta que no te vea —dijo Golfín—. Yo te llevaré a la casa.

—No quiero, no quiero —dijo Marianela—. Ninguna cosa fea debe vivir.

—Pues mira pequeña, —dijo Golfín— ¡si todos los feos desaparecieran del mundo! Tienes una idea equivocada de la belleza. La verdadera hermosura hay que buscarla en el alma. Hay muchos seres que son bellos por fuera y feos por dentro. Tienes que buscar la belleza dentro de tí y estoy seguro que la encontrarás.

La Nela no entendió las palabras de Golfín, pero éste siguió hablando.

—¿Quieres mucho a Pablo? —le preguntó. ¿Le quieres más que a nada en el mundo?

—Sí, señor —respondió la Nela.

—¿No resistes la idea de que él pueda dejar de quererte? —preguntó de nuevo Teodoro.

—No, señor. El me dijo que no podía vivir sin mí y que siempre me querría, pero después . . .

—Después . . . ya veo. Yo tengo la culpa de todo —dijo Golfín.

—La culpa, no —dijo Marianela—. Usted ha sido muy bueno y la señorita Florentina también, pero ella es muy hermosa y cuando él la vea, sabrá que ella es muy hermosa y yo soy muy fea y la querrá mucho y a mí, no.

—Pero Florentina te quiere mucho —dijo Golfín.

—Y yo la quiero a ella también —contestó la muchacha—. Pero ha venido a quitarme lo que era mío. Ella es como la Virgen y yo le rezaría para que no me quite lo que es mío, pero ya me lo ha quitado. Ahora lo perdí todo y quiero irme con mi madre.

—Ven acá —dijo Golfín—, no te separarás de mí. Necesitas una persona que esté a tu lado. Debes aprender a leer y a escribir. Dejarás de ser la Nela y serás una señora. Vamos, ven conmigo.

—¡Oh! señor, por favor, no me lleve con usted —rogó la Nela.

—Hace días te llevé porque no podías caminar. Ahora será lo

mismo —contestó Golfín.

La levantó en sus brazos y se dirigió con ella a Aldeacorba. Llegó a la casa y fue hacia la habitación de Florentina con la Nela en sus brazos. Cuando la joven lo vió, Golfín sólo le dijo estas palabras:

—Aquí la traigo, ¿soy un buen cazador, verdad?

Capítulo XX

Al llegar el gran día en que Teodoro Golfín le pide a Pablo que abra los ojos por primera vez, éste se sorprende de todo lo que ve y le parece que todas las cosas van a caer sobre él. Al ver a Florentina, cree que es Marianela y pregunta varias veces por ésta. Al ver su propia persona se sorprende y pide de nuevo que le traigan a la Nela, pero le dicen que la han buscado por todos los lugares y que la muchacha no aparece. El pide que le permitan ir a buscarla, pero no quiere separarse de su prima de la que se ha enamorado, al contemplar por primera vez la belleza de la joven.

★

Cuando Teodoro Golfín dijo por primera vez a Pablo que abriera los ojos, éste dió un grito de espanto. Extendió las manos y creyó que se iba a caer. Después, cerró los ojos. Todos le pedían que volviera a abrirlos, pero el miedo le impedía hacerlo. Las cosas que estaban lejos, le parecía que las podía tocar con la mano y las personas que lo rodeaban, era como si le fueran a caer encima. Teodoro le dijo: "Por ahora, ya usted ha visto bastante. Es necesario que descanse."

Más tarde, el joven pidió de nuevo que se le permitiera ver. Tenía los ojos cubiertos y el doctor Golfín accedió de nuevo.

Lo que acabo de ver es maravilloso —dijo Pablo—, el cielo, las montañas, las flores, todo me miraba y parecía como que corría hacia mí. Yo creía que lo conocía todo, pero es tan distinto a como yo lo imaginaba, que no sé, no sabría explicar con palabras lo que siento dentro de mí.

—¿Y la Nela? . . . ¿dónde está la Nela? —preguntó en ese momento—. ¡Oh!, Dios mío, ¿esto que veo es la Nela?

—No, es tu prima Florentina —le respondieron.

—¡Ah! —dijo confuso—, es mi prima. Yo no creí nunca que pudiera existir tanta belleza. ¿Y la Nela, dónde está? —preguntó otra vez.

—Ya la verás, —dijo Don Francisco— ahora, tranquilo.

—Florentina, —dijo Pablo— te veo en medio de una cosa que debe ser el sol. De tu cara salen como unos rayos de luz, ¿qué es esto?

—Ya está comenzando a distinguir los colores —dijo Teodoro Golfín.

—Te veo dentro de mis propios ojos —dijo Pablo—. Tú eres como algo que yo llevaba dentro de mí. Yo nunca había podido ver. Al verte hoy, me parece como si te hubiera visto antes, como si recordara algo. ¿Y mi tío? ¿y el doctor?

—Aquí estoy —dijo Teodoro Golfín.

—¿Y la Nela, dónde está? —preguntó Pablo de nuevo.

Le dijeron que la estaban buscando. Que pronto vendría a verlo. Le pidieron que descansara un rato y que debía dormir. El joven, al fin, accedió a los ruegos de todos y se retiró a descansar.

Pablo siempre buscaba la belleza en todas las cosas y al ver otras mujeres dijo que ninguna era tan bella como su prima. Todo lo que de hermoso hay en el mundo, él lo comparaba con Florentina.

Al tercer día, Teodoro le dijo: "Ya ha visto usted muchas cosas. Ahora debe ver su propia persona."

—¿Este soy yo? —dijo Pablo al verse en un espejo—, no soy tan feo, ¿verdad, prima?

Cuando se quedó solo con Florentina le habló de esta manera: "Prima mía, para mí en estos momentos Golfín es como Colón que descubrió un nuevo mundo desconocido. Yo soy como Europa, que era un gran ciego, que no había visto nunca ese nuevo mundo y tú eres la América, aquella primera isla que Colón vió."

Después calló y preguntó de nuevo: "¿En dónde está la Nela?"

—No sé, —dijo Florentina— la hemos buscado mucho, pero parece que tiene miedo de verte. Ella te quiere mucho y tú, Pablo, debes quererla mucho también.

—Yo la quiero mucho, —dijo el joven— y quiero verla. Deben buscarla y traerla aquí.

—Yo la iré a buscar, te lo prometo —contestó Florentina.

—Pero ven pronto, —rogó Pablo—, no quiero que te separes

de mí.

—Bueno, primo, ahora debes dormir. Es necesario que descanses —dijo Florentina.

—¿Ya es de noche? —preguntó Pablo.

—Sí, —respondió Florentina.

—Pues de noche o de día, yo quiero hablar —dijo Pablo—. Yo me callo si tú te quedas aquí a mi lado.

—Bueno, te lo prometo —dijo Florentina, riendo.

—No puedo callarme —dijo el joven—. Tengo que decirle a alguien todo lo que siento. Toda la noche me la paso hablando con la Nela y contigo. Tengo muchos deseos de verla.

—Yo misma iré a buscarla mañana —dijo Florentina—, te lo prometo. Y ahora, a dormir.

Al día siguiente, cuando Florentina llegó ante su primo le dijo: "Fuí a buscar a la Nela y, cuando la traía, huyó de mi lado."

—¿Y no la has buscado? —preguntó el joven.

—¿Dónde? —dijo Florentina—. Esta tarde iré de nuevo a buscarla.

—No, deja —dijo Pablo—. Ella vendrá sola. ¿Sabe que ya puedo ver?

—Yo misma se lo he dicho —dijo la muchacha—. No sé, no la comprendo.

—La Nela es muy buena —dijo Pablo. Tienes que traerla. Yo mismo iré a buscarla. ¿Dónde está el doctor? Es un crimen que me obligue a tener los ojos cubiertos, cuando yo quiero poder ver tantas cosas. Hoy no te he visto y yo quiero poder verte a todas horas. Yo quiero ver la luz.

En ese momento llegó Golfín y le dió permiso para que pudiera ver ese día. Por la noche volvió a preguntar por Marianela, como quien recuerda algo que va olvidando poco a poco. Después se durmió. Su sueño esa noche no fue tranquilo, pues Golfín le había dicho que al otro día le iba a permitir que se levantara y caminara por la casa.

Capítulo XXI

Al entrar Teodoro Golfín en la habitación de Florentina. la Nela se encuentra durmiendo, pero Florentina le dice al doctor que la muchacha está muy enferma y que ella la ha oído llorar toda la noche. Golfín le pide a Marianela que decida si quiere quedarse con Florentina o marcharse con él, pero la muchacha duda pues a ambos los quiere mucho y no sabe que hacer. En ese momento, llega Pablo quien no ve ni a Golfín ni a la Nela y comienza a alabar la belleza de Florentina. Golfín le pide que regrese a su habitación, pues cree que él no debe caminar solo por la casa todavía. El joven obedece al médico pero antes de retirarse ve a la Nela sin reconocerla. Se acerca a ella y al besarle ésta la mano, se da cuenta de que se trata de Marianela. Comprende que ha vivido equivocado acerca de la belleza de la Nela y lanza un grito de sorpresa. La Nela herida y llena de dolor, siente como si le hubieran dado una puñalada y comprende que ya Pablo no podrá quererla. Golfín y Florentina tratan de salvarle la vida, pero Marianela ya no quiere vivir al comprender que ha perdido el único amor que tenía y muere entre los brazos de Florentina y Teodoro Golfín.

★

Aquel día se encontraba Florentina sentada en el suelo, cortando un vestido. Se hallaba ocupada en esto, pero no estaba sola. Cerca de ella dormía una persona en un sofá, en medio de la habitación. Su sueño no era tranquilo, pues a ratos se oía como si llorara. Al entrar Teodoro Golfín, éste se dirigió hacia donde dormía la Nela —pues de ella se trataba— y dijo: "Parece que está más tranquila. No hagamos ruido. ¿Ha dormido bien?"

—Poco, toda la noche la oí llorar —dijo Florentina.

—Pobre Nela —contestó Golfín—. Como ella hay miles de seres en el mundo y nosotros, los que tenemos algo que ofrecer, debemos ayudar a estos pobres seres a los que todo les ha sido negado. La pobre Marianela no tiene más educación que la que ella misma se ha dado. Cree que todo lo que no es bello debe desaparecer, pero yo creo que se le puede ayudar y usted lo puede hacer. Pablo, que no conocía la realidad, no me parece que haya sido el mejor maestro para ella. En vez de bien, le ha hecho mal. Usted y yo si la podemos ayudar, ¿verdad, Florentina?

En ese momento, la Nela abrió los ojos y miró a las dos personas que se encontraban en la habitación.

—¿No tienes miedo ya? —dijo Florentina.

—No, señora, —contestó la Nela— usted es muy buena y Don Teodoro también.

—¿No estás contenta? —dijo Don Teodoro—, dime Nela, ¿a quién tú quieres más, a Florentina o a mí?

La Nela no respondió. Florentina y Golfín sonreían.

—Oye una cosa. Nela —dijo Golfín—. Ahora vas a vivir con uno de nosotros. Florentina se queda aquí; yo me marcho. ¿Con quién prefieres vivir?

Marianela miró a Golfín, después a Florentina, de nuevo volvió a mirar a Golfín. Este dijo: "Creo que me prefieres a mí. La señorita Florentina se va a enojar."

Marianela extendió sus dos manos hacia Florentina y dijo: "No, no quiero que se enoje. Ella es muy buena."

De pronto la Nela se movió inquieta. Había oído pasos . . . y ella conocía esos pasos.

—Viene —dijo Golfín con miedo.

—Es él —dijo Florentina.

Sí. Era Pablo que se acercaba riendo.

—Prima, ¿cómo no has ido a verme hoy? —gritó Pablo—. Vengo a buscarte. Tu padre me dijo que estabas aquí.

Florentina no supo qué contestar. Pablo no había visto ni a Golfín ni a la Nela.

—Primo, —dijo Florentina— Don Teodoro no te ha dado permiso para salir.

—Me lo dará después, —dijo el joven— no puede sucederme nada y si así fuera, no me importaría quedarme ciego después de haberte visto.

—Eso sí que estaría bueno —dijo Florentina.

—Estaba solo en mi habitación —dijo Pablo—. Te llamé, pero no respondiste. Salí a buscarte y aquí estoy. Hoy estás más hermosa que nunca. A tu lado, todas las mujeres me parecen feas. Prima, ¿por qué eres tan bella? Yo creí que no podría quererte. Creí que amaba a otra más que a tí y ahora sólo deseo tenerte a mi lado. ¿Es posible que tú, tan hermosa, seas para mí? Prima mía, esposa de mi alma.

—Vamos, Pablo. Doctor, dígale algo —dijo Florentina confusa.

—Vamos, joven —dijo Golfín—, vaya para su habitación.

—¿Está usted ahí, señor Golfín? —dijo Pablo—, perdón, no le

había visto.

—Aquí estoy —contestó Golfín— y creo que debe usted volver a su habitación.

—Me encuentro bien, pero lo obedeceré —dijo Pablo.

Al salir, miró hacía el sofá y vió una niña delgada, de nariz larga y ojos pequeños.

—¡Ah!, mi tío me dijo que Florentina se había hecho cargo de una pobre. Está muy enferma, ¿verdad, doctor? —preguntó Pablo.

—Sí, —dijo Golfín— necesita silencio y soledad.

Pablo colocó su mano sobre la cabeza de aquella pobre niña y sintió lástima por la criatura. La Nela abrió los ojos y tomando la mano de Pablo la llevó a sus labios. Al sentir los labios de Marianela, Pablo lanzó un grito en el que toda su alma gritaba. En un momento lo había comprendido todo. Luego hubo un silencio como esos que anuncian que se acerca una tempestad.

La Nela con voz triste dijo: "Sí, señorito mío, yo soy la Nela."

—Eres tú . . . eres tú —dijo Pablo sin querer creer lo que veía ante sus ojos.

Así como había descubierto el mundo de la luz y de la belleza, comprendía ahora, en este momento, la confusión en que había vivido tanto tiempo. Pablo no supo decir nada más.

Florentina se acercó a la Nela, y Golfín dijo estas palabras: "La mató. Maldita vista suya. Por favor, retírese usted."

—Morir, morir así, no puede ser —dijo Florentina llorando. María, Marianela, mi querida Nela.

—No responde —dijo Pablo con terror—. Acercó sus labios a la Nela y gritó: "Nela, mi querida Nela."

—¿Qué es lo que tiene? —dijo Florentina—. Don Teodoro, sálvela por Dios.

—Nela —repitió Pablo—. Parece que me tienes miedo. ¿Qué te he hecho yo?

La Nela abrió los ojos, tomó la mano de Florentina y la puso sobre su pecho. Tomó entonces la de Pablo y la puso también sobre su pecho y así, con las manos de los jóvenes unidas, cerró los ojos sin decir una palabra.

Teodoro salió rápidamente de la habitación y comenzó a traer medicinas, tratando de salvar aquella vida que se le escapaba entre los brazos. Sólo él y Florentina quedaron en la habitación. Viendo

que ya nada podía hacerse por salvar a la Nela, gritó: "No podemos hacer nada por ella. Sólo Dios puede salvarla."

—¿Pero es posible que se muera una persona sin una causa conocida? —preguntó Florentina—. Sálvela, doctor, ¿no es usted médico?

—Sí, de los ojos, no del alma —contestó Golfín.

—¿Puede el dolor del alma matar de esta manera? —dijo Florentina—. Parece como si hubiera recibido una puñalada.

—La recibió —dijo Golfín—. No olvide lo que ella acaba de ver. La amaba un ciego, que ya no lo es. Y él la ha visto . . . la ha visto. Yo tengo la culpa. Yo traje la realidad. Para ella ha sido el final de su mundo de ilusiones. Este momento lo ha sido todo: dolor, celos . . . muerte.

—Y todo por . . . —dijo Florentina.

—Sí, dígalo, todo por unos ojos —dijo Teodoro—, por unos ojos que la amaban porque no la veían, pero que cuando se abrieron a la luz la han matado.

Florentina rompió a llorar diciendo: "El alma ya la ha abandonado."

—No, —dijo Golfín— todavía hay vida en ella, pero muy poca.

—Dios mío, sólo nos queda rezar— dijo la joven.

Los labios de la Nela se movieron, pero ellos no pudieron oír lo que decía. Después Teodoro se acercó a ella y dijo: "Has hecho bien en dejar este mundo."

Florentina llorando se abrazó a Teodoro Golfín y dijo:

—"Yo quería hacerla feliz, pero ella no quiso serlo."

Capítulo XXII

La Nela que no había tenido nada nunca en su vida, recibió los mayores honores después de su muerte. Florentina ordenó que se le hiciera un sepulcro de mármol y como la Nela no tenía nombre conocido, se escogió el de María Manuela Téllez. Poco tiempo después de la muerte de Marianela, llegaron a Socartes unos viajeros y entre ellos, un periodista que escribió una crónica en la que decía que lo que más le había llamado la atención en Socartes era el sepulcro de una joven que había sido muy hermosa y rica. Que tenía por nombre María Manuela Téllez y que por haberlo querido ella así. había vivido siempre rodeada de mendigos, gitanos y trovadores. Los que conocemos la verdadera historia de la pobre Nela sabemos que nada de esto es verdad.

★

Muchas cosas extrañas suceden en el mundo. La Nela que nunca había tenido zapatos, ni ropa, ni casa, ni había recibido un nombre, tuvo a la hora de su muerte un gran funeral y un sepulcro digno de un personaje. Florentina que no pudo ayudarla en vida, quiso honrar su memoria después de muerta. Muchos que la vieron, dicen que hasta parecía bella. Fue la única vez en su vida que recibió un halago. Ella, a la que todos despreciaban, tuvo el funeral más suntuoso que se recuerda en Socartes y por su alma se dijeron misas y no se habló de otra cosa en aquellos días.

La gente pobre del lugar se sorprendió de los honores que se le hicieron a la pobre hija de la Canela y la Señora Ana estaba confusa, pues no comprendía la razón de que se hicieran esos honores a una criatura tan miserable.

Como no tenía nombre conocido, se buscó en los libros, pues hacía falta un nombre para colocarlo en el sepulcro de mármol que Florentina mandó a hacer para la Nela y allí se le puso el nombre de María Manuela Téllez.

Algún tiempo después, cuando ya Pablo y Florentina se habían casado y ya nadie se acordaba de la Nela, llegaron al lugar unos turistas a quienes llamó la atención el suntuoso sepulcro. Uno de esos viajeros era un periodista quien, al hacer una crónica de su viaje, dijo que lo que más le había llamado la atención en aquel lugar era el sepulcro de una joven que había sido muy famosa en Socartes. María Manuela Téllez, quien pertenecía a una familia rica y noble de Socartes y que, por capricho, se había pasado la vida cantando y vagando por los caminos, siempre acompañada por mendigos, gitanos y trovadores. Dijo que, al morir, todos lloraron a la hermosa y rica joven que, por haberlo querido ella así, había llevado una vida distinta a la que le correspondía por su posición social.

Al leer estas palabras escritas por ese viajero, nos damos cuenta que nada de lo que ha dicho es verdad.

Ya sabemos la verdadera historia de la pobre Nela, pero nos hemos olvidado de otra persona; mejor dicho, de otro pobre ser que salió un día de Socartes porque quería ser una persona y no una piedra más en el lugar. El que ha leído esta obra. tendrá que esperar otra historia. Ya conoce la historia de la Nela. Esperaremos la historia de Celipín . . .

FIN

EJERCICIOS DE CONVERSACION Y VOCABULARIO
TERCERA PARTE

Capítulo XVI

1. ¿Cuál era la noticia que todos esperaban?
2. ¿Qué decía Teodoro Golfín?
3. ¿Quién era el único que estaba junto a Pablo?
4. ¿Qué le pidió Florentina a Marianela?
5. ¿Qué dijo Florentina cuando vió la casa del Señor Centeno?
6. ¿Qué había prometido Florentina?
7. ¿Por qué la Nela sentía confusión?
8. ¿Por qué ella no podía odiar a Florentina?
9. ¿Qué le dijo Sofía a la Nela?
10. ¿Qué pensaba Carlos Golfín de su hermano?
11. Cambiar al presente los siguientes tiempos verbales: ellos esperaban; él sabía; yo había venido; él ha ido; tú serás.
12. En las siguientes oraciones, diga cuándo se usa "este" como pronombre y cuándo como adjetivo: este libro; la esposa de éste; ésta es su hija; esta casa; el miedo de éste.

Capítulo XVII

1. ¿De qué se hablaba en Socartes?
2. ¿Cuáles eran las dos ideas que luchaban en el alma de Marianela?
3. ¿Qué decía la muchacha?
4. ¿Qué le pedía a la Virgen?
5. ¿Qué le preguntó la Nela a Celipín?
6. ¿A quién encontró la Nela al regresar a su casa?
7. ¿Por qué la Nela sintió miedo?
8. ¿Qué le preguntó Florentina?
9. ¿Por qué Florentina quería que todos se sintieran alegres?
10. ¿Por qué la Nela no quería que Pablo la viera?
11. Cambiar al Presente los siguientes tiempos verbales: él corrió; ellos comentaban; él ha preguntado; tú has olvidado; ella durmió.
12. Cambie estos verbos de la forma pasiva a la forma activa: yo era mirado; él fue obedecido; tú serás cuidado; él fue visto; yo soy comprendido.

Capítulo XVIII

1. ¿A quién llamó la Nela?
2. ¿Qué le preguntó a Celipín?
3. ¿Cómo se sentía el muchacho?

4. ¿Por qué él quería que Marianela se marchara con él?
5. ¿Por qué la Nela no quiso marcharse con Celipín?
6. ¿Qué comprendió la Nela?
7. ¿Qué le pidió a Celipín?
8. ¿Qué sintió Teodoro Golfín?
9. ¿Por qué se lanzó tras la Nela?
10. ¿Qué hizo Marianela cuando Teodoro Golfín la llamó?
11. Cambiar al Presente los siguientes tiempos verbales: tú viste; yo seré; él permaneció; ella estuvo; yo sentí.
12. En las siguientes oraciones, diga cuándo se usa "ese" como pronombre y cuándo se usa como adjetivo: ése es mi hermano; ese hombre; ese camino; ése es mi amigo; ese día.

Capítulo XIX

1. ¿Qué le preguntó Golfín a Marianela?
2. ¿Qué le respondió ella?
3. ¿Qué pensaba hacer la Nela?
4. ¿Por qué la Nela quería quitarse la vida?
5. ¿Qué pensaba Teodoro Golfín que necesitaba Marianela?
6. ¿Por qué ella creía que ya Pablo no la podía querer?
7. ¿Qué le dijo Golfín de la verdadera belleza?
8. ¿Por qué Teodoro Golfín pensó que él tenía la culpa?
9. ¿A dónde llevó a la Nela?
10. ¿Qué le dijo Golfín a Florentina?
11. Cambiar al Presente los siguientes tiempos verbales: él anduvo; yo veré; él ha enseñado; yo he hablado; él cometió.
12. Cambie estos verbos de la forma pasiva a la forma activa: él era visto; yo soy querido; tú serás guiado; yo he sido tratado; nosotros seremos buscados.

Capítulo XX

1. ¿Por qué Pablo gritó al abrir los ojos?
2. ¿Cómo le parecían a él las cosas?
3. ¿Por quién preguntó?
4. ¿Cómo le pareció su prima?
5. ¿Qué le pidieron todos?
6. ¿Por qué Pablo no quería descansar?
7. ¿Qué dijo al verse en el espejo?
8. ¿Qué le dijo Florentina a Pablo acerca de la Nela?
9. ¿Qué le respondió él?
10. ¿Qué le había prometido Teodoro Golfín a Pablo?
11. Cambiar al Presente los siguientes tiempos verbales: él dijo; yo abriría; tú descubrirás; él preguntó; yo iré.

12. Cambie estos verbos de la forma pasiva a la forma activa: fue cerrado; era conocido; fuimos llevados; han sido descubiertos; será buscado.

Capítulo XXI

1. ¿Quien era la persona que se encontraba durmiendo al entrar Teodoro Golfín?
2. ¿Qué le dijo Golfín a Florentina acerca de la Nela?
3. ¿Qué le preguntó Golfín a la Nela?
4. ¿Con quién prefería ella quedarse?
5. ¿Por qué la Nela sintió miedo al oír pasos?
6. ¿Qué dijo Pablo al llegar?
7. ¿Qué hizo Pablo cuando reconoció a la Nela?
8. ¿Qué le ocurrió a Marianela?
9. ¿Qué hizo Teodoro Golfín?
10. ¿Por qué dijo Golfín que la Nela se moría de dolor?
11. Cambiar al Presente los siguientes tiempos verbales: él ha muerto; nosotros entendimos; ella contestó; yo conocía; tú darás.
12. Cambiar estos verbos de la forma pasiva a la forma activa: él fue hallado; tú serás oído; yo seré ayudado; nosotros somos encontrados; yo soy llamado.

Capítulo XXII

1. ¿Qué honores recibió la Nela después de su muerte?
2. ¿Cómo honró Florentina la memoria de la Nela?
3. ¿Cuál fue el único halago que recibió Marianela en su vida?
4. ¿Qué pensaba de ésto la Señora Ana?
5. ¿Qué nombre se le dió a Marianela?
6. ¿Por qué?
7. ¿Quiénes llegaron a Socartes después de la muerte de la Nela?
8. ¿Qué escribió el periodista?
9. ¿Qué dijo de Marianela?
10. ¿Por qué no es verdad lo que dijo de ella?
11. Cambiar al Presente los siguientes tiempos verbales: él había tenido; yo recibiré; él pudo; ha sucedido; nosotros hemos olvidado.
12. En las siguientes oraciones, diga cuando "aquel" está usado como pronombre y cuando como adjetivo: Aquel amigo; aquél es bueno; la casa de aquél; aquel libro; aquel lugar.

VOCABULARIO

— A —

a, at, to
abandonar, to abandon, to leave
abrazar, to embrace, to hug
abrir, to open
abuelo, m., grandfather
acá, here
acabar, to finish, to end
academia, f., academy
acaso, perhaps
acceder, to accede, to agree
acción, f., plot, action
aceptar, to accept
acerca, about
acercarse, to approach
acompañar, to accompany, to go with
acordarse, to remember
acostumbrar, to accustom,
  to be used to
actitud, f., attitude
adelante, forward, ahead
además, besides
adiós, good-bye
adonde, where
¿adónde?, where?
adorar, to adore
adornar, to adorn, to ornament
afirmar, to affirm
agradable, agreeable, pleasant
agradar, to like, to please
agradecer, to thank, to be grateful
agua, m., water
ahí, there
ahora, now; ahora mismo, right now
aire, m., air
al, to the
alabar, to praise
alcanzar, to reach

alegría, f., joy, happiness; alegre,
  merry; alegrarse, to rejoice, to
  be glad
alejarse, to go away, to move away
algo, something, anything
alguien, someone, somebody,
  anybody
alguno-a, some, any
alma, m., soul
alto-a, high, tall; en voz alta, alouc
allá, there
allí, there
amar, to love
ambos, both
América, f., America
amigo-a, friend
amistad, f., friendship
amo, m., master, owner
amor, m., love
amparar, to protect
amparo, protection
andar, to walk
animal, m., animal
anoche, last night
ante, antes de, before
anti, anti, signifying against
antiguamente, in older times
anunciar, to announce
año, m., year
aparecer, to appear, to come up
apenas, hardly
a pesar de, in spite of
aprender, to learn
aprovechar, to take advantage
aquel-aquella-aquello, that
aquellos, aquellas, those
aquí, here
árbol, m., tree

arrepentir, to repent
arroyo, m., brook
asegurar, to assure, to insure
así, thus so, like that, so
asunto, m., theme, subject
asustar, to frighten
atención, f., attention
atrás, back, behind
atravesar, to cross
a través de, across
atreverse, to dare
aun, still, even
aún, yet, still
aunque, although, though
autor, m., author
¡ay!, alas!, woe!
ayer, yesterday
ayudar, to help

— B —

bajar, to come down, to fall
bajo, low, below; debajo de, under
barco, m., ship
bastante, enough
bastón, m., cane, stick
beber, to drink
belleza, f., beauty
bello-a, beautiful
besar, to kiss
bien, well, fine
blanco-a, white
boda, f., wedding
bondad, f., goodness, kindness
bosque, m., forest
brazo, m., arm
breve, brief, short
brillar, to shine, to glitter
bueno-a, good; bueno, well
burlarse, to mock, to make fun of
buscar, to search, to look for

— C —

caballero, m., nobleman, gentleman
cabello, m., hair
cabeza, f., head
cada, each, every
caer, to fall
calamina, f., calamine
callar, to be silent
calle, f., street
cambio, m., change; en cambio,
    instead; cambiar, to change
caminar, to walk
camino, m., road, way
campesino, m., farmer
campo, m., field, country
cansar, to tire; cansarse, to get tired
cantar, to sing
capricho, m., caprice, whim
cara, f., face
carácter, m., character
cárcel, f., prison, jail
cargo, m., job, post, charge;
    hacerse cargo de, to take charge of;
    estar a cargo de, to be in charge of
Carlista, m., Carlist
carta, f., letter
casa, f., house, home
casarse, to get married
casi, almost
caso, m., case; hacer caso a, to mind;
    hacer caso de, to pay attention to
castigar, to punish; castigo, m.,
    punishment
causa, f., cause; a causa de,
    because of
causar, to cause
cazador, m., hunter, chaser
celo, m., zeal; celos, m., jealousy
central, central
centro. m., center

cerca, near; *cerca de*, near to

cerca, f., fence

cerrar, to close, to shut

cesta, f., basket

ciego, m., blind

cielo, m., sky, heaven

cien, m., one hundred

ciencia, f., science

cierto-a, certain

cinco, m., five

citar, to make an appointment with; to name, to quote

ciudad, f., city, town

civil, civil

claro-a, clear

clase, f., class, kind, sort

cocina, f., kitchen

coger, to catch, to take

colocar, to place, to locate

color, m., color

comentar, to explain, to talk

comenzar, to begin, to start

comer, to eat; *comida, f.*, meal, dinner

cometer, to commit, to perpetrate

como, as, like; *¿cómo?*, how?

compañía, f. accompaniment, company

comparar, to compare

completar, to complete, to finish; *completo-a*, full, complete

comprar, to buy

comprender, to comprehend, to understand, to contain, to consist of

con, with

confesar, to confess

confiar, to trust

confusión, f., confusion; *confuso-a*, confused

conmigo, with me

conocer, to know, to be acquainted with, to meet

conquistar, to conquer

conseguir, to get, to obtain

considerar, to consider, to think ove

contar, to tell, to count

contemplar, to gaze, to contemplate

contento-a, happy, glad

contestar, to answer; *contestación, f.*, answer, reply

contigo, with you

contra, against

contrario-a, contrary; *por el contrario*, on the contrary

corazón, m., heart

coronar, to crown

correr, to run

corresponder, to correspond, to concern

cortar, to cut

cortesía, f., courtesy

corto-a, short

cosa, f., thing

costumbre, f., custom

Costumbrismo, m., (Lit.) description of the typical customs and life of a country or region

costumbrista, regional novelist

crear, to create; *creación, f.*, creation

creer, to believe, to think

criado-a, servant

criatura, f., creature, child

crimen, m., crime

Cristo, m., Christ

crónica, f., chronicle

cruel, cruel

cual, which; *¿cuál?*, which?

cualquiera, any, anybody

cuando, when; *¿cuándo?*, when?

cuanto-a, so much, so many, as much; ¿cuánto?, how much?; ¿cuántos?, how many?; en cuanto, as soon as

cuatro, m., four

cubrir, to cover

cuerpo, m., body

cuidado, care; tener cuidado, to be careful

culpa, f., blame

cultivar, to cultivate

cumplir, to perform, to fulfill; cumplir una promesa, to keep a promise

curar, to cure, to heal

cuyo-a, whose

chimenea, f., chimney

chocolate, m., chocolate

— D —

dar, to give; darse cuenta, to realize

de, of

deber, must, owe; deber, m., duty

decidir, to decide

decir, to say, to tell

dedicar, to dedicate; dedicarse a, to engage in or to work at

defender, to defend; defenderse, to defend oneself

defensa, f., defense

dejar, to let, to leave

del, of the

delante, before

delgado-a, thin

demás, the rest, the others

dentro, within, inside; por dentro, inside

derecho, m., right; Derecho, m., Law

desaparecer, to disappear

descansar, to rest

desconocido-a, unknown

describir, to describe

descubrir, to discover

desde, from, since; desde entonces, since then

desear, to wish, to want

deseo, m., wish, desire

despreciar, to despise

después, after

destino, m., destiny

detener, to stop, to detain

día, m., day

diez, m., ten

difícil, difficult

digno-a, worthy, suitable; digno de, worthy of

dinero, m., money

Dios, m., God

dirigirse, to direct oneself toward; dirigirse a (hablar), to address somebody

disponer, to get ready

distinguir, to differentiate

distinto-a, different

doce, m., twelve

doctor, m., doctor

dolor, m., pain

dominar, to dominate

don, m., deferential title of respect

donde, where; ¿dónde?, where?

doña, f., deferential title of respect

dormir, to sleep

dos, m., two

dudar, to doubt

dueño-a, m., f., owner, master

dulce, sweet; dulce, m., candy

durante, during

duro-a, hard, cruel

— E —

edad, f., age

educación, f., education

ejemplo, m., example

el, the

él, él mismo, he, he himself; *ella, ella misma*, she, she herself; *ello, ello mismo*, it, itself; *ellos, ellas ellos mismos, ellas mismas*, they, they themselves

elemento, m., element

en, in, at, into

enamorarse, to fall in love

encerrar, to contain, to lock up

encima, above, over

encontrar, to find; *encontrarse*, to meet

encuentro, m., encounter

enfermar, to fall ill

engañar, to deceive

enojar, to make angry, to anger

enseguida, right away

enseñar, to teach, to show

entender, to understand

enterarse, to find out, become informed of

entonces, then

entrar, to come in, to enter

entre, between, among

entregar, to give up, to deliver

enviar, to send

episodio, m., episode

época, f., age, time

equivocación, f., mistake

equivocarse, to be wrong; *equivocado-a*, wrong

escalera, f., staircase

escapar, to escape

esclavo, m., slave

escoger, to choose, to select

esconder, to hide

escribir, to write

escuela, f., school

ese-a-o, that; *ése-a-o*, that one

espanto, m., fright

España, f., Spain

español-a, Spanish

espejo, m., mirror

esperanza, f., hope

esperar, to wait, to hope

espina, f., thorn

esposo, m., husband; *esposa*, f., wife

establecer, to establish

establecimiento, m., establishment

estado, m., state, condition

estar, to be

estatura, f., height

este-a-o, this; *éste-a-o*, this one

estrella, f., star

estudiar, to study

eterno-a, eternal

Europa, f., Europe

Evangelio, m., gospel

evolucionar, to develop, to evolve

existir, to exist

éxito, m., success, issue

explicar, to explain

extender, to extend

extraño-a, strange; *extraño*, m., stranger

— F —

fabricar, to make, to manufacture

fácil, easy; *fácilmente*, easily

falso-a, false

faltar, to be missing, to need; *falta*, f., fault

familia, f., family

famoso-a, famous

favor, m., favor; *por favor*, please

fe, f., faith
fecundidad, f., fecundity
feliz, happy
feo-a, ugly
fiel, faithful
figura, f., figure
fin, m., end, purpose; *final*, m., final, end; *finalmente*, finally
flor, f., flower
forma, f., form, shape; *formar*, to form
francés-a, French
frente, m., front; *frente*, f., forehead; *en frente de*, in front of
frío-a,, cold, cool
fruto, m., fruit
fuera, outside; *por fuera de*, on the outside
fuerte, strong
funeral, m., funeral
futuro, m., future

— G —

ganar, to win, to earn
género, m., gender
gente, f., people
gigante, m., giant
gitano-a, gipsy
gloria, f., glory
golfo, m., gulf
golpear, to beat; *golpe de estado o golpe militar*, coup d'etat
gota, f., drop
gracias, f., thanks; *gracia*, f., charm, gift
gran, grande, great, big, broad
grave, grave, serious; *gravemente*, seriously
gritar, to cry out, to shout
guante, m., glove

guardar, to keep
guerra, f., war
guiar, to lead; *guía*, m., guide
gustar, to like, to please; *gusto*, m., pleasure

— H —

haber, to have
hábil, able, skillful, clever
habitación, f., room
habitante, m., inhabitant
hablar, to speak, to talk
hacer, to make, to do
hacia, toward, to
halago, m., flattery
hallar, to find
hasta, until, to
hay, there is, there are
herir, to hurt, to injure
hermano, m., brother; *hermana*, f., sister
hermoso-a, beautiful
hermosura, f., beauty
héroe, m., hero
hijo, m., son; *hija*, f., daughter; *hijos*, children
historia, f., history
histórico-a, historical
hombre, m., man; *hombre de bien*, m., honest man
honor, m., honor
honrado-a, honest
honrar, to honor
hora, f., hour
hoy, today
huir, to flee, to escape
humano-a, human

— I —

idea, f., idea
ideal, ideal

iglesia, f., church
igual, same, equal, like
ilusión, f., illusion, fancy
imaginar, to imagine
imaginario-a, imaginary
impedir, to impede
importante, important
importar, to matter, to be of
    importance; importancia, f.,
    importance
imposible, impossible
influencia, f., influence
ingeniero, m., engineer
ingratitud, f., ungratefulness
injusticia, f., injustice
inmóvil, motionless
inocencia, f., innocence
inocente, innocent
inquieto-a, unquiet
insistir, to insist
inteligencia, f., intelligence
inteligente, intelligent
intención, f., intention
intentar, to try
interesar, to interest
invitar, to invite
ir, to go
isla, f., island

— J —
jefe, m., boss, chief
joven, young, young person
juez, m., judge
junto, together; junto a, next to,
    alongside of
jurar, to swear
justicia, f., justice
justo-a, just, right

— L —
la, las, los, the
laberinto, m., labyrinth
labio, m., lip
lado, m., side
ladrar, to bark
lágrima, f., tear
lanzarse, to hurl oneself
largo-a,, long
lástima, f., pity
lavar, to wash
le, lo, him, to him; le, la, her, to her;
    les, los, them, to them
leche, f., milk
leer, to read
lejos, far
lengua, f., tongue
león, m., lion
levantar, to raise; levantarse, to arise,
    to get up
ley, f., law; Leyes, Laws
libertad, f., liberty, freedom
libre, free
libro, m., book
limitar, to limit, to border on
listo-a, ready
literario-a, literary
literatura, f., literature
loco-a, crazy, mad
lograr, to get, to obtain
lucha, f., fight, struggle
luchar, to fight
luego, later
lugar, m.; place
luz., f., light
llamar, to call
llegar, to arrive, to come to
lleno-a, full
llevar, to carry, to take, to use,
    to wear

llorar, to cry
llover, to rain

— M —

madre, f., mother
maestro, m., teacher
mal, m., evil, harm; mal, malo-a,
  bad, ill, wicked; mal, badly
maldito-a, damned, accursed
mancha, f., spot, freckle
mandar, to send, to give orders
manera, f., manner
mano, f., hand
manso-a, meek
mañana, f., morning; tomorrow
máquina, f., machine
mar, m., sea
maravilloso-a, wonderful, marvelous
marchar, to go, to move; marcharse,
  to go away
mármol, m., marble
más, more; el más, the most;
  mas, but
matar, to kill; matarse, to kill oneself,
  to wear oneself out
matrimonio, m., marriage
mayo, May
mayor, elder, larger
me, mi, me, to me; mi, my; mío-a,
  mine
medicina, f., medicine
médico, m., physician
medio-a, half; en medio de, in the
  middle of
mejor, better, el mejor, the best
memoria, f., memory
mendigo, m., beggar
menos, minus, less
merecer, to merit, to deserve
mes, m., month

mezclar, to mix
miedo, m., fear
mientras, while
mil, a thousand
milagro, m., miracle
militar, military
mina, f., mine
mineral, m., mineral
minero-a, miner, mining
minuto, m., minute
mirar, to look; mirada, f., look
misa, f., mass
miserable, miserable
miseria, f., poverty
mismo-a, same, self-same; lo mismo,
  itself
moderno-a, modern
momento, m., moment
monarquía, f., monarchy
moneda, f., coin
montaña, f., mountain; "la montaña",
  highlands of Santander
monte, m., mountain
moreno-a, brown
morir, to die
mostrar, to show
mover, to move
movimiento, m., movement
muchacho, m., boy; muchacha, f., girl
mucho-a, much; muchos-as, many
muerte, f., death
muerto-a, dead
mujer, f., woman
mundo, m., world
muy, very

— N —

nacer, to be born
nacimiento, m., birth
nación, f., nation, country

nacional, national
nada, nothing
nadie, nobody
nariz, f., nose
natural, natural
naturaleza, f., nature
Naturalismo, m., Naturalism
naturalista, naturalist
necesario-a, necessary
necesitar, to need
negar, to deny
negro-a, black
ni, neither, nor; ninguno-a, none, neither
nieve, f., snow
niño, m., boy; niña, f., girl
no, no, not
noble, noble, nobleman
noche, f., night
nombrar, to nominate, to name
nombre, m., name
norte, m., north
nos, nosotros, us, we
notable, notable
noticia, f., notice, news
novela, f., novel
novelista, m., novelist
novio-a, sweetheart, bridegroom, bride
nuestro-a, our
nuevo-a, new; de nuevo, again
nunca, never

— O —

o, or
obedecer, to obey
obligar, to force, to obligate
obra, f., work
obtener, to obtain
ocasión, f., opportunity, occasion

ocultar, to hide
acupar, to occupy; ocupación, f., occupation
ocurrir, to occur, to happen
odiar, to hate
odio, m., hate
ofender, to offend
oficina, f., office
ofrecer, to offer
¡oh!, oh!
oír, to hear
¡ojalá!, God grant, Heaven grant
ojo, m., eye
olvidar, to forget
operación, f., operation
operar, to operate
opinar, to opine, to hold or express an opinion
opinión, f., opinion
oportunidad, f., opportunity
ordenar, to order
orgullo, m., pride
orgulloso-a, proud
origen, m., origin
oro, m., gold; de oro, dorado-a, golden
oscuridad, f., darkness
oscuro-a, dark
otro-a, other, another; otra vez, again

— P —

padre, m., father
pagar, to pay
país, m., country, land
palabra, f., word
pan, m., bread
para, for, in order to
paraíso, m., eden, paradise
parecer, to seem
parte, f., part

partir, to leave

pasar, to pass, to happen; *pasar*, to spend (time)

pasear, to walk; *paseo*, m., walk

paso, m., step

patio, m., yard, court

patria, f., native country, motherland

pecho, m., chest, breast, bosom

pedazo, m., piece, bit

pedir, to ask

peligro, m., danger; *peligroso-a*, dangerous

pensar, to think

peor, worse; *el peor*, worst

pequeño-a, small, little; *el más pequeño*, youngest

perder, to lose

perdón, m., pardon, forgiveness

perdonar, to forgive, to pardon, to excuse

periódico, m., newspaper, journal

periodista, journalist

permanecer, to remain, to stay

permiso, m., permit

permitir, to permit

pero, but

perro, m., dog

persona, f., person

personaje, m., personage, character

pertenecer, to belong; *perteneciente*, belonging

peso, m., monetary unit; weight

pie, m., foot; *a pie*, on foot; *estar de pie*, to be standing

piedad, f., pity

piedra, f., stone

pintura, f., painting

plata, f., silver

pobre, poor

pobreza, f., poverty

poco-a, little; *pocos-as*, few

poder, to be able, may, can

político-a, political, politician

poner, to put; *ponerse el sol*, to set (sun); *ponerse de pie*, to stand up

por, for, by

porque, because; *¿por qué?*, why?

posible, possible

posición, f., position

predominar, to predominate

preferir, to prefer

preguntar, to ask, to question

premio, m., reward

preparar, to prepare, make ready

prepararse, to get ready

presentar, to show, to present

presente, present

primero-a, first

primo-a, cousin

principal, principal, main; *principalmente*, principally

principio, m., beginning

problema, m., trouble, problem

proclamación, f., proclamation

producción, f., production

producir, to cause, to produce

prohibir, to forbid, to prohibit

prometer, to promise; *promesa*, f., promise

pronto, soon

propio-a, own, one's own

proponer, to propose

provincia, f., province

psicológico-a, psychological

pueblo, m., town

puerta, f., door

puerto, m., port, harbor

pues, then, well, because

punto, m., point, place; *estar a punto de*, to be about to

puñalada, f., stab
puro-a, pure, clear

— Q —

que, who, whom, which, that;
  ¿qué?, what?
quedar, to stay; *quedarse*, to remain
querer, to want, to love
querido-a, dear
quien, who, whom; *¿quién?*, who?,
  whom?; *¿de quién?*, whose?
quitar, to deprive, to take off
quizás, perhaps, maybe

— R —

rama, f., branch
rapidez, f., rapidity, speed
rápido-a, rapid, quick; *rápidamente*,
  quickly
raptar, to abduct; *rapto*, abduction
rato, m., while, moment; *a ratos*,
  occasionally
rayo, m., beam; *rayo de sol*, sunbeam
razón, f., reason
reacción, f., reaction
real, real, royal; *real*, m., dime
realidad, f., reality
Realismo, m., Realism
rebelarse, to rebel
rebeldía, f., rebelliousness
rechazar, to refuse, to reject
recibir, to receive
recobrar, to recover, to regain
reconocer, to recognize
recordar, to remember
refugio, m., shelter
regalo, m., present, gift
región, f., region, country
regional, regional
regresar, to return, to come back

regreso, m., return
reinado, m., reign
reír, to laugh
religión, f., religion
religioso-a, religious
rendido-a, exhausted
repetir, to repeat
representar, to represent
república, f., republic
resistir, to resist
respetar, to respect
responder, to answer, to be respon-
  sible for
restaurar, to restore
resto, m., remainder, rest
resultado, m., result, product
retirar, to withdraw, to go away
reunir, to gather together, to get
  together
revolución, f., revolution
rey, m., king; *reina*, f., queen
rezar, to pray
rico-a, rich
río, m., river
rival, m., rival
robar, to rob
rodear, to surround, to encircle
rogar, to pray, to beg
rojo-a, red
Romanticismo, m., Romantic Age
romper, to break
ropa, f., clothes
rudo-a, rough
ruido, m., noise

— S —

saber, to know
sabio-a, wise
sacar, to take out
sacrificio, m., sacrifice

salir, to leave, to go out
saltar, to jump
salvaje, wild, savage
salvar, to save
sangre, f., blood
satisfacer, to satisfy
se, sí, to him, to her, to them; yourself, himself, herself, themselves;
su, your, his, her, its, their; suyo-a, yours, his, hers, theirs
seguir, to follow, to continue
según, depending on, according to, as per, as
segundo-a, second
seguro, sure, safe
seis, m., six
sencillo-a, simple
sentarse, to sit down
sentir, to feel, to hear;
    sentimiento, m., feeling
señor, m., sir, master, mister; señora, f., lady, madam, Mrs.
señorito, m., young man; señorita, f., young lady, Miss
separar, to separate
sepulcro, m., grave, tomb
ser, to be; ser, m., being
servir, to serve, to be useful
si, if; sí yes
siempre, always; para siempre, forever
siglo, m., century
siguiente, following; al día siguiente, next day
silencio, m., silence
silicato, m., silicate
símbolo, m., symbol
sin, without
sino, but, except
situación, f., state, situation

situar, to site, to place
sobre, upon, above, about; sobre todo, above all
sobrino, m., nephew; sobrina, f., niece
social, social
sociedad, f., society
sofá, m., sofa
sol, m., sun
soledad, f., loneliness
solo-a, alone
sólo, solamente, only
soltar, to let loose, to let free
sombra, f., shadow, shade
soñar, to dream
sonreír, to smile
sorprender, to surprise; sorpresa, f., surprise
subir, to go up
suceder, to happen
suelo, m., floor, ground
sueño, m., dream; tener sueño, to be sleepy
sufrir, to suffer
suntuoso-a, sumptuous
supremo-a, supreme
surgir, to come out, to arise

— T —

tal, such, so, as
también, also
tampoco, either, neither
tan, so much; tanto, as much, so much
tarde, late; tarde, f., evening
te, ti, you, to you; yourself, to yourself
temer, to be afraid, to fear
tempestad, f., storm, tempest

tempestuoso-a, stormy, tempestuous
tendencia, f., tendency
tener, to have
teñir, to dye
tercero-a, third
terminar, to finish, to end
terrible, terrible
terror, m., terror
tiempo, m., time, weather
tierra, f., land, earth
tío, m., uncle
tocar, to feel, to touch
todavía, yet
todo-a, all, whole; *todos*, everybody
tomar, to take, to get, to drink
trabajar, to work
trabajo, m., work, hardship, job
traer, to bring
traje, m., suit
tranquilo-a, quiet, calm;
  tranquilamente, quietly
tras, after, behind, beyond
tratar, to handle
trato, m., treatment
tres, three
triste, sad
triunfo, m., triumph
trono, m., throne
trovador, m., minstrel, troubadour
tú, you; *tú mismo*, yourself
túnel, m., tunnel
turista, m., tourist
tuyo, a, yours

— U —

último-a, last; *por último*, at last
único-a, only
unir, to unite
uno-a, one; *un*, a

usar, to use, to wear
usted, you
útil, useful; *útiles*, m., (plural) tools

— V —

vagar, to loiter about, to roam,
  to wander
valer, to be worth, to amount to
valerse, to make use of, to take
  advantage of
valor, m., courage, value, worth
varios-as, several, various
vaso, m., glass
¡vaya!, indeed
veinte, m., twenty
vencer, to conquer
vender, to sell
venir, to come
ver, to see
verdad, f., truth
verdadero-a, true, real
vestido, m., dress, clothing
vestir, to dress
vez, f., time; *dos veces*, twice;
  a veces, sometimes; *otra vez*, again
viajar, to travel
viaje, m., travel, journey, trip
viajero-a, traveler
vida, f., life
virgen, f., virgin
visitar, to visit
víspera, f., eve, day before
vista, f., sight, vision, the sense
  of seeing
viuda, widow
vivir, to live; *dar vivas*, cheer
vocabulario, m., vocabulary
volver, to come back, to become,
  to turn
voz, f., voice

— Y —

y, and

ya, already, now; *ya que*, since,
　inasmuch as

yo, I; *yo mismo*, myself

— Z —

zapato, m., shoe

zinc, m., zinc